KB220633

로마서 강해

AN EXPOSITION ON THE APOSTLE PAUL'S EPISTLE TO THE ROMANS

〔4판〕

김효성
Hyosung Kim
Th.M., Ph.D.

옛신앙
oldfaith
2024

머리말

주 예수 그리스도(마 5:18; 요 10:35)와 사도 바울(갈 3:6; 딤후 3:16)의 증거대로, 성경은 하나님의 말씀이다. 성경이 하나님의 말씀이며 우리의 신앙과 행위에 있어서 정확무오한 유일의 법칙이라는 고백은 우리의 신앙생활에 있어서 매우 기본적이고 중요하다.

웨스트민스터 신앙고백에 진술된 대로(1:8), 우리는 성경의 원본이 하나님의 감동으로 오류가 없이 기록되었고 그 본문이 "그의 독특한 배려와 섭리로 모든 시대에 순수하게 보존되었다"고 믿는다. 이것은 교회의 전통적 견해이다. 그러므로 우리는 신약성경의 헬라어 비잔틴 다수 사본들의 본문이 순수하게 보존된 성경 원본의 본문에 가장 가까운 본문으로 여전히 받아들여져야 한다고 본다.

성경은 성도 개인의 신앙생활뿐 아니라, 교회의 모든 활동들에도 유일한 규범이다. 오늘날처럼 다양한 풍조와 운동이 많은 영적 혼란의 시대에, 우리는 성경으로 돌아가 성경이 무엇을 말하는지 묵상하기를 원하며 성경에 계시된 하나님의 모든 뜻을 알기를 원한다.

성경으로 설교할지라도 그것을 바르게 해석하고 적용하지 않으면, 말씀의 기근이 올 것이다(암 8:11). 오늘날 많은 설교와 성경강해가 있지만, 순수한 성경 지식과 입장은 더 흐려지고 있는 것 같다.

그러므로 오늘날 요구되는 성경강해는 성경 본문의 뜻을 명료하게 해석하고 적용하는 것일 것이다. 실상, 우리는 성경책 한 권으로 충분하다. 성도들은, 유일한 선생님이신 성령님의 지도를 구하며 성경을 읽어야 하고, 성경강해는 오직 작은 참고서로만 사용해야 할 것이다.

심히 부족한 종에게 지혜와 분별력과 간절함과 건강을 주시고 또 약한 남편을 위해 일평생 헌신한 아내를 주시고 또 많은 기도와 물질로 후원한 성도들과 합정동 교회를 주신 하나님께만 영광을 돌린다.

내용 목차

서론 ·· 5

1장: 사람의 죄 ·· 7

2장: 하나님의 심판 ·· 27

3장: 칭의(稱義)의 방법 ······································ 33

4장: 아브라함의 예 ·· 42

5장: 칭의(稱義)의 결과 ······································ 47

6장: 성화(聖化)의 이유 ······································ 55

7장: 율법으로부터의 자유 ·································· 62

8장: 성령님의 인도하심 ······································ 69

9장: 은혜로 택하심 ·· 81

10장: 신앙고백 ·· 86

11장: 하나님의 구원 계획 ·································· 91

12장: 그리스도인의 생활 ···································· 97

13장: 사회적 의무, 이웃 사랑, 빛의 생활 ·········· 111

14장: 서로 덕을 세우라 ···································· 117

15장: 사도 바울의 전도 사역 ···························· 123

16장: 인사 ·· 132

서론

로마서는 사도 바울이 제3차 전도여행 중 하나님의 감동으로, 아마 고린도에서 기록한 편지로서(롬 15:19, 23-26; 16:1; 행 19:21) 바울의 13권 혹은 14권의 서신들 중에서, 아니 신약성경 27권 중에서 구원의 복음을 가장 논리적으로 밝히 증거한 매우 중요한 책이다.

본서의 **저자**는 사도 바울이다(1절). 1세기 말부터 2세기 초, 로마의 클레멘트, 익나시우스, 순교자 저스틴, 폴리갑 등은 본서를 많이 인용하였고 교회역사상 본서의 바울 저작성을 부정하는 학자들은 거의 없었다. 본서의 저자는 본서 끝부분에서 자신이 예루살렘으로부터 두루 행하여 일루리곤[마게도냐와 아가야의 북서쪽 해안]까지 예수 그리스도의 복음을 널리 전하였고 이제는 성도를 섬기는 일로 예루살렘에 가고 있다고 말했다. 이것은 사도행전에 기록된 바울의 행적과 일치한다(행 19:21; 20:22; 24:17 등).

본 서신을 받은 **로마교회**의 기원에 대해 몇 가지 견해가 있다.

첫째로, 천주교회는 사도 베드로가 로마교회를 세웠고 25년간 그 교회의 감독으로 있었다고 주장한다. 유세비우스(Eusebius)에 의하면, 고린도의 디오니시우스는 베드로와 바울이 로마에서 함께 교회를 설립하였다고 말하였다(*Ecclesiastical History*, II. 25). 이레네우스(Irenaeus)도, 로마교회가 베드로와 바울, 두 영광스러운 사도에 의해 세워졌다고 말하였다(*Against Heresies*, III. 3. 2, 3). 터툴리안은 베드로와 바울이 로마에서 순교 당하였다고 전한다. 그러나 오늘날 일반적으로 베드로가 로마를 방문했으며 또 후에 그곳에서 순교 당했다는 사실은 인정하지만, 그가 로마교회를 세웠다거나 25년간 그곳에서 사역했다는 사실에 대해서는 인정하지 않는다. 만일 바울이 로마를 방문하기 전에 베드로가 그곳에서 교회를 세웠고 그곳에서 사역하고 있었다면 바울은 필경 그에게도 문안했을 것이고, 또 남의 터 위에 교회를 세우지 않겠다는 신념으로 사역했던(롬 15:20) 그가 그 교회를 방문하려고 계획을 세우지 않았을지도 모른다.

둘째로, 오순절에 예루살렘에 와서 회개하고 주 예수 그리스도를 믿었던 자들이 로마에 돌아가 교회를 세웠을 것이라는 견해가 있다.

셋째로, 아시아와 유럽의 여러 지역에서 사도 바울이나 기타 다른 제자들에 의해 주 예수 그리스도를 믿게 된 신자들이 로마로 올라가 살면서 교회를 세웠을 것이라는 견해도 있다. 두 번째와 세 번째의 견해는 다 가능하다고 본다.

본 서신의 **저작 장소**와 **연대**에 관하여, 본 서신에 의하면 바울은 로마교회를 방문하려는 소원을 갖고 있었고(1:10), 또 그들에게 복음을 전함으로 그들을 견고케 하고 열매를 맺게 하기를 원하였다(1:11, 13). 그는 본 서신을 기록할 당시 예루살렘의 어려운 성도들을 위해 모은 헌금을 가지고 그리로 가고 있었다(15:25-27). 또 그가 '식주인[집주인] 가이오'를 언급한 것을 보면, 그는 고린도에 머물고 있었다고 보인다(고전 1:14). 그러므로 본 서신은 사도 바울이 고린도에서 주후 56년경에 썼을 것이다.

로마서의 **특징적 주제**는 **구원**이다. 1장부터 11장까지는 교리적인 내용으로서 하나님께서 주시는 구원의 이치에 대해 증거했다. 1, 2장은 구원의 필요성으로서 사람의 죄와 하나님의 심판에 대해 증거했고, 3-5장은 의롭다 하심(칭의, 稱義)에 대해 증거했다. 복음의 핵심은 믿음으로 의롭다 하심을 얻는다는 진리이다. 6-8장은 거룩하여짐(성화, 聖化)에 대해 증거했고, 또 9-11장은 구원 얻을 자들에 대한 하나님의 선택하심과 예정에 대해 증거했다. 12장부터 16장까지는 윤리적인 내용으로서 구원 얻은 자들의 삶에 대하여 교훈했다. 구원 얻은 자들은 거룩하고 정직하고 선하고 진실한 삶을 살아야 한다.

1장: 사람의 죄

1-7절, 복음 안에서 문안함

〔1절〕예수 그리스도의 종 바울은 사도로 부르심을 받아 하나님의 복음을 위하여 택정함을 입었으니.

바울은 자신을 '예수 그리스도의 종'으로 소개했다. 종은 주인에게 복종하는 신분이다. 그는 주인이 명령하는 대로 순종해야 한다. 바울은 이전에 예수 그리스도를 몰랐고 그를 믿는 자들을 핍박했지만, 이제는 예수 그리스도를 자신의 주님으로, 또 자신을 그의 종으로 고백하는 것이다. 오늘날 우리도 예수 그리스도의 종이 되어야 한다. 우리는 사람이나 돈이나 쾌락의 종이 되지 말고 우리를 위하여 죽으시고 다시 사신 구주와 주님이신 예수 그리스도의 종이 되어야 하고 그에게 즐거이, 온전히 복종하는 자가 되어야 한다.

바울은 또 자신을 사도로 부르심을 받은 자라고 말하였다. 사도(使徒)는 성경에서 예수 그리스도의 열두 제자들(눅 6:13)과 바울에게만 적용되는 명칭이다. 열두 제자 중 가룟 유다가 배신했으므로 예수께서 승천하신 후 제자들은 가룟 유다 대신 맛디아를 뽑았다(행 1:26). 원문 사도행전에서 예외적으로 바울의 동역자 바나바가 바울과 함께 '사도들'이라고 두 번 불리었다(행 14:4, 14). '사도'는 '보냄을 받은 자'라는 뜻이다.

바울은 자신이 하나님의 복음을 위해 택정함을 입었다고 말했다. 사도들은 하나님의 복음을 해설하고 선포하는 일을 맡은 자들이었다. 그들은 구약의 선지자들처럼 하나님의 성령의 특별한 감동을 받은 자들이었고 하나님의 특별계시의 전달자들이었다. 에베소서 2:20은 교회가 사도들의 터, 즉 그들의 교훈의 터 위에 세워졌다고 말했다.

그러므로 신약교회와 성도들은 하나님의 복음을 잘 파악하기 위해 사도들에게로, 즉 그들의 글들인 신약성경으로 나아가야 한다. 혼란한 시대에는 더욱 성경만이 하나님의 뜻과 진리를 확인하는 길이다. 종교개혁시대에 많은 학자들과 교회지도자들이 있었지만, 하나님의 복음이 가리워져 있었다. 사람들은 어떤 교훈과 노선이 바른 것인지 알기 어려웠다. 그러나 루터는 비록 한 사람의 천주교 신부이었지만 성경의 확실한 지식과 확신으로 종교개혁의 횃불을 들 수 있었다. 다른 개혁자들도 그러하였다. 오늘날 배교와 타협과 혼돈의 시대에도 참된 교회들과 종들은 오직 성경, 특히 신약성경으로 가야 한다.

[2절] 이 복음은 하나님이[께서] 선지자들로 말미암아 그의 아들에 관하여 성경에 미리 약속하신 것이라.

하나님의 복음은 하나님의 아들에 관한 내용으로 구약성경에 미리 약속되어 있었다. 구약성경은 오래 전부터 하나님의 아들 그리스도를 약속하였다. 창세기 3:15에 예언된 '여인의 후손'이나 창세기 12장에 언급된 '아브라함의 씨'나 창세기 49:10에 예언된 '실로'[안식의 사람]나 이사야 9:6의 신적 아기의 탄생이나 미가 5:2의 그의 근본이 태초인 자 등이 그것이다. 기독교 복음은 구약성경에 근거하고 있다. 구약성경은 예수 그리스도에 대한 예언과 예표의 말씀들이며 예수 그리스도를 증거하고 있다(요 5:39; 눅 24:27, 44).

[3절] 이 아들로 말하면, 육신으로는 다윗의 혈통[씨, 자손]에서 나셨고.

복음의 내용인 예수 그리스도께서는 참 사람이시요 참 하나님이시다. 그는 참된 인성(人性)과 참된 신성(神性)을 소유하고 계신 분이시다. 본절의 '육신'이라는 원어(사르크스 σάρξ)는 그리스도의 인성을 가리킨다고 본다. 예수 그리스도께서는 다윗의 자손으로 참 사람으로 탄생하셨다. 그의 몸만 다윗의 자손으로 나신 것이 아니고, 그의 영도 그러하셨다. 즉 그는 몸과 영혼을 가진 참 사람이셨다.

이것은 구약성경의 예언들의 성취이었다. 예레미야 23:5, "보라, 때가 이르리니 내가 다윗에게 한 의로운 가지를 일으킬 것이라." 에스겔 34:23, "내가 한 목자를 그들의 위에 세워 먹이게 하리니 그는 내 종 다윗이라." 호세아 3:5, "그 후에 저희가 돌아와서 그 하나님 여호와와 그 왕 다윗을 구하고." 예수 그리스도께서는 이 예언들의 성취이시다. 그러므로 신약성경은 "아브라함과 다윗의 자손 예수 그리스도의 족보라"(마 1:1)는 말로 시작된다.

[4절] 성결의 영으로는 죽은 가운데서 부활하여 능력으로 하나님의 아들로 인정[확정, 선언](KJV, NASB)**되셨으니 곧 우리 주 예수 그리스도시니라.**

'성결의 영'(프뉴마 하기오쉬네스 $\pi\nu\epsilon\hat{\upsilon}\mu\alpha$ $\dot{\alpha}\gamma\iota\omega\sigma\dot{\upsilon}\nu\eta\varsigma$)이라는 말은 예수 그리스도 속에 계신 거룩한 신성(神性)의 영을 가리킨다고 본다. 예수께서는 인성(人性)으로는 다윗의 자손이요 신성(神性)으로는 하나님의 아들이시다.

예수 그리스도의 신성(神性)의 증거는 그가 행하신 기적들과 그의 부활하심이다. 그의 죽음과 부활은 복음의 기본적 사실들이다. 고린도전서 15:1-4, "내가 너희에게 전한 복음을 너희로 알게 하노니 . . . . . 내가 받은 것을 먼저 너희에게 전하였노니 이는 성경대로 그리스도께서 우리 죄를 위하여 죽으시고 장사 지낸 바 되었다가 성경대로 사흘 만에 다시 살아나사." 신자들은 예수 그리스도의 행하신 기적들과 그의 죽음과 그의 부활을 확인하고 그를 믿고 확신해야 한다.

예수께서는 부활하심으로 능력으로 하나님의 아들로 인정되셨다. '인정하다'는 원어(호리조 $\dot{o}\rho\dot{\iota}\zeta\omega$)는 '확정하다, 선언하다'는 뜻이다. 그는 본래부터 하나님의 아들이시지만, 부활하심으로써 능력으로 하나님의 아들로 확실히 인정되고 확정되고 선언되신 것이다.

이 분이 곧 우리 주 예수 그리스도이시다. 바울은 복음의 내용을 설명하면서 이와 같이 먼저 예수 그리스도의 참된 인성과 참된 신성을 증거하였다. 복음은 하나님의 아들 예수 그리스도에 관한 내용이다. 예수 그리스도께서는 복음의 중심 인물이시며 복음 자체이시다. 그는 죄인들의 대속물로 하나님께서 세상에 보내신 구주이시다. 그는 슬픔과 불행, 절망과 허무, 죽음과 지옥 형벌에서 우리를 건지시기 위해 오신 구주이시다. 그 안에 구원과 영생, 기쁨과 소망이 있다.

[5-6절] 그로 말미암아 우리가 은혜와 사도의 직분을 받아 그 이름을 위하여 모든 이방인 중에서 믿어 순종케(에이스 휘파코엔 피스테오스 εἰς ὑπ-ακοὴν πίστεως)[믿음의 순종을 위해] **하나니 너희도 그들 중에 있어 예수 그리스도의 것으로 부르심을 입은 자니라.**

우리는 예수 그리스도로 말미암아 구원의 은혜를 받았다. 또 은혜는 사도의 직분에도 관계된다. 우리는 직분에 있어서도 무자격한 자들이다. 사도직은 예수 그리스도의 이름을 위해 모든 이방인 중에서 믿어 순종케 하는 것이었다. 성도는 예수 그리스도를 믿고 순종할 뿐만 아니라, 믿음 자체가 순종 곧 마음의 순종이다(롬 6:17). 마음으로 순종한 자는, 물론 행위로도 순종할 것이다. 사도 바울은 복음을 가지고 곳곳에 다니며 사람들로 하여금 믿음의 순종을 하게 하였다.

이 편지를 받는 로마 교인들도 복음을 듣고 예수 그리스도를 믿고 순종하는 무리 중에 들었다. 그들도 예수 그리스도의 것으로 부르심을 입은 자들이었다. '부르심'은 성령께서 죄인들을 회개시켜 예수님을 믿게 하시는 것을 가리킨다. 하나님의 택함을 받은 자들, 그의 양들, 그리스도께서 피 흘려 사신 자들만 그의 부르심을 입고 그들은 그의 특별한 소유가 된다. 그들이 그리스도인들이다.

[7절] 로마에 있어 하나님의 사랑하심을 입고 성도로 부르심을 입은 모든 자에게 [편지하노니](고전, 고후, 갈 외에는 작은 글씨로 첨가됨) **하나님 우리 아버지와 주 예수 그리스도로 좇아 은혜와 평강**[평안]**이** [너희에게 있기를 원하노래(고전, 고후, 갈 외에는 '있을지어다'라고 번역함).

예수 그리스도를 구주와 주님으로 믿은 자들은 하나님의 사랑을 받은 자들이며 성도(聖徒, 거룩한 자)로 부르심을 입은 자들이다. 그

들은 만세 전에 하나님의 긍휼로 택함을 받은 자들이며 예수 그리스
도의 보배로운 피로 죄사함을 받아 거룩해진 무리들이다.

바울은 그들에게 하나님 우리 아버지와 주 예수 그리스도로 좇아
은혜와 평안이 있기를 기원한다. 우리는 하나님의 은혜로 구원 얻었
고 성화를 이루어간다. 하나님의 은혜가 아니고서는 우리의 구원도,
우리의 성화도 불가능할 것이다. '평안'은 매우 포괄적인 개념이다.
그것은 마음의 평안과 몸의 건강과 물질적 안정과 환경적 평안을 다
포함하는 개념이다. 그것은 우리가 은혜로 얻은 구원의 결과이다.

본문의 교훈을 정리해보자. 첫째로, 우리는 복음을 바로 알아야 한다.
복음은 사도들을 통해 전달된 하나님의 복음이며 그 내용은 하나님과
사람이신 예수 그리스도이시다. 그는 구약성경에 약속된 메시아로서
죄인들의 구주로 세상에 오셨고 십자가에 죽으심으로 대속사역을 이루
셨다. 복음은 죄인이 구주 예수 그리스도를 믿음으로 죄사함과 의롭다
하심을 얻는 것이다. 이 배교의 시대에 우리는 예수 그리스도의 사도들
의 글인 신약성경을 통하여 하나님의 복음을 바르게 알아야 한다.

둘째로, 우리는 하나님의 은혜로 예수 그리스도를 믿음으로 구원을
얻었다. 죄인들이 하나님의 사랑을 입고 예수님 믿고 죄사함과 거룩함
과 의롭다 하심을 얻고 성도로 부르심을 입고 예수 그리스도의 특별한
소유가 되고 그를 순종하는 자가 되는 것은 가장 존귀한 구원의 복이다.
우리는 이 놀라운 구원의 복을 깨닫고 늘 하나님께 감사해야 한다.

셋째로, 우리는 하나님 우리 아버지와 주 예수 그리스도로 좇아 은혜
와 평안을 더 받아야 한다. 하나님의 은혜는 우리의 믿음의 견고함과
거룩하여짐과 온전해짐, 즉 우리의 성화와 영적 승리를 위해 필요하다.
또 우리는 이 세상 사는 동안, 평안의 나라 천국에 들어가기까지 마음
의 평안과 몸의 건강과 물질적 안정과 환경적 평안이 필요하다. 그러므
로 우리는 하나님의 은혜와 평안을 늘 사모하며 받아 누려야 한다.

8-17절, 로마에 복음 전하기를 원함

〔8-10절〕 첫째는 내가 예수 그리스도로 말미암아 너희 모든 사람을 인하여 내 하나님께 감사함은 너희 믿음이 온 세상에 전파됨이로다. 내가 그의 아들의 복음 안에서 내 심령으로[내 영으로] 섬기는 하나님이[께서] 나의 증인이 되시거니와 항상 내 기도에 쉬지 않고 너희를 말하며 어떠하든지 이제 하나님의 뜻 안에서 너희에게로 나아갈 좋은 길 얻기를 구하노라.

바울은 먼저 로마의 교인들을 인하여 하나님께 감사하였는데, 그 이유는 그들의 믿음이 온 세상에 전파되었기 때문이었다. '예수 그리스도로 말미암아'라는 말은 우리의 구원이 예수 그리스도로 말미암음을 나타낸다. 오늘날 우리의 감사의 이유도 육적인 것보다 영적인 것이어야 한다. 우리는 세상적, 물질적 형통과 번창보다 먼저 우리 자신과 우리 자녀들과 형제들이 구원 얻은 사실과 그들의 믿음과 믿음의 성장과 그 소문이 주위에 퍼져나감을 감사해야 한다.

바울은 하나님을 '그의 아들의 복음 안에서' 섬긴다고 말했다. 우리는 하나님의 아들의 복음으로 구원 얻었고 그 복음 안에서 하나님을 섬기게 되었다. 바울은 또 '내 영으로' 하나님을 섬긴다고 말하였다. 우리의 인격은 우리의 영에 있다. 영은 인격의 주체이며 몸은 영의 도구이다. 기독교는 단지 몸의 종교가 아니고 영의 종교이다. 우리의 중생한 영의 새 성향은 우리의 마음과 몸을 늘 주장해야 한다.

바울은 그의 감사와 쉬지 않는 기도 생활에 대해 하나님께서 증인이 되신다고 말했다. 이것은 사도 바울의 진실한 마음과 진실한 사역을 증거한다. 우리도 우리의 생각과 마음을 감찰하시는 하나님 앞에서 항상 진실하게 말하고 행하며 또 감사하고 기도해야 한다.

바울은 로마 교인들을 위해 항상 기도하는 중에 '하나님의 뜻 안에서' 그들에게로 갈 좋은 길 얻기를 원했다. 그것은 하나님의 주권적 섭리를 믿는 믿음이다. 하나님의 허락 없이 이루어질 수 있는 일은 이 세상에 아무것도 없다. 그러므로 우리는 하나님의 뜻이라면 살고 이것 혹은 저것을 하겠다는 믿음으로 살아야 한다(약 4:15).

〔11-12절〕[이는] 내가 너희 보기를 심히 원하는 것은[원함이니 이는] 무슨 신령한[영적] 은사를 너희에게 나눠주어 너희를 견고케 하려 함이니 이는 곧 내가 너희 가운데서 [서로의 안에 있는](엔 알렐로이스 ἐν ἀλλήλοις) 너희와 나의 믿음을 인하여 피차 안위함을 얻으려 함이라.

바울이 로마로 갈 좋은 길 얻기를 기도한 이유는 그들 보기를 심히 원했기 때문이며, 그가 그들 보기를 원했던 것은 그들에게 어떤 영적 은사를 나눠주어 그들을 견고케 하기 위함이었다. '영적 은사'는 방언이나 병 고침 같은 은사라기보다 하나님의 말씀을 가리킨다고 본다. 사도들의 사역은 일차적으로 말씀 사역이었다. 그 말씀 사역을 통해 성도들의 신앙과 소망은 어린아이의 시기를 벗어나 소년기, 청년기, 장년기로 자라며 견고케 되고 온전케 된다(골 1:28-29). 오늘날 목사들의 사역의 목표와 임무는 바로 성경의 바른 강해이다.

바울은 또 서로의 견고한 믿음을 인해 피차 위로를 얻기를 원했다. 이것은 사실일 뿐만 아니라, 또한 그의 겸손한 태도를 보인다. 사도는 성도들에게 무엇을 주려고만 하지 않고 그들로부터 위로를 받으려 한다고 겸손히 말했다. 성도의 교제란 하나님께서 동일하게 은혜로 주신, 서로의 안에 있는 믿음을 인해 피차 위로와 힘을 얻는 것이다(살전 5:14). 이것이 영적 교제이며 교제의 유익이다. 우리의 교제는 단지 먹고 마시는 데 그치지 말고, 이렇게 같은 믿음의 확인을 통해 위로와 격려를 주고 받는 교제가 되어야 한다.

〔13절〕형제들아, 내가 여러 번 너희에게 가고자 한 것을 너희가 모르기를 원치 아니하노니 이는 너희 중에서도 다른 이방인 중에서와 같이 [약간의](원문) 열매를 맺게 하려 함이로되 지금까지 길이 막혔도다.

바울은 그가 로마로 가기를 원한 또 하나의 목적을 그들 중에서도 다른 이방인들 가운데서와 같이 열매를 맺게 하기 위함이라고 말하

였다. 문맥에 비추어 볼 때, 그것은 무엇보다 영혼의 구원을 가리킨다
고 본다. 그는 거창하게 많은 사람의 구원을 목표로 삼지 않고 '약간
의' 열매 즉 몇 사람의 구원을 목표로 삼았다. 우리는 한 영혼의 구원
을 귀하게 여겨야 한다. 바울이 본문에서 말한 열매는 또한 로마의
성도들의 인격의 온전해짐과 선행을 포함한다고 본다. 성도는 인격
이 온전해짐과 선행의 열매를 맺어야 한다(갈 5:22-23).

**[14-15절] 헬라인이나 야만이나 지혜 있는 자나 어리석은 자에게 다 내
가 빚진 자라. 그러므로 나는 할 수 있는 대로 로마에 있는 너희에게도 복음
전하기를 원하노라.**

바울은 자신이 모든 사람들에게 빚을 졌다고 말했다. 여기의 '빚'은
전도의 빚을 의미한다. 그러므로 그는 할 수 있는 대로 로마에 있는
영혼들에게도 복음 전하기를 원했다. 우리가 하나님 아버지의 뜻을
깨닫고 또 우리가 얻은 구원의 은혜를 깨달았다면, 우리는 세상 모든
사람들에게 복음을 전하는 자가 되어야 한다. 우리는 하나님의 은혜
의 복음을 세상 모든 사람에게 전해야 할 의무가 있다. 우리는 배운
자에게나 못 배운 자에게나, 부자에게나 가난한 자에게나, 우리나라
사람에게나 다른 나라 사람에게나 차별 없이 전도해야 한다. 하나님
의 택함을 받은 자들만 회개하고 믿고 구원 얻을 것이지만, 우리의
전도 대상에는 어떤 제한이 있을 수 없다. 우리는 모든 사람에게 죄
를 회개하고 예수 그리스도를 믿고 구원 얻으라고 전해야 한다.

**[16-17절] [이는] 내가 [그리스도의](전통사본) 복음을 부끄러워하지 아
니하노니[아니함이니 이는] 이 복음은 모든 믿는 자에게 구원을 주시는 하나
님의 능력이 됨이라. 첫째는 유대인에게요 또한 헬라인에게로다. [이는] 복
음에는 하나님의 의(義)가 나타나서 믿음으로 믿음에 이르게 하나니[함이
니] 기록된 바 오직 의인은 믿음으로 말미암아 살리라 함과 같으니라.**

바울은 그리스도의 복음을 부끄러워하지 않았고 복음을 널리 전하
기를 원했다. 그가 복음을 부끄러워하지 않았던 이유는 복음이 모든

믿는 자들에게 구원을 주는 하나님의 능력이 되기 때문이었다. 원문에는 '능력'이라는 말이 문장 맨 앞에 놓여 강조되어 있다. 많은 사람이 이 복음을 통해 구원을 얻었다. 오늘날도 이 복음은 죄인을 구원하는 하나님의 능력이다. 오늘날도 죄인들은 다른 수단으로가 아니고 이 복음으로 구원을 얻을 것이다(고전 1:21-24). 그러므로 우리는 사람들이 좋아하든지 싫어하든지 이 복음을 널리 전해야 한다.

또 복음이 구원의 능력이 되는 까닭은 믿음으로 얻는 하나님의 의(義)가 복음에 나타나 있기 때문이다. 의는 사람이 하나님의 명령과 법을 다 행했을 때 얻을 수 있는 것이었고(신 6:25), 죄는 하나님의 명령과 법을 어긴 상태이었다. 이 세상의 근본적 문제는 죄 문제 곧 사람들이 하나님의 뜻을 어겨 범죄함으로 죄 가운데 있는 것이다. 그러므로 죄 문제의 해결은 모든 사람과 세상의 근본 문제의 해결이다. 사람의 가장 큰 복은 죄사함과 의롭다 하심을 얻는 것이다. 사람이 하나님 앞에서 어떻게 죄사함과 의롭다 하심을 얻을 수 있는가 하는 것이 사람들에게 가장 중요한 문제이었다.

사람이 하나님의 명령과 법을 행함으로써 의롭다 하심을 받을 수 없다는 것은 경험과 성경을 통해 명백하다. 그러나 하나님께서 그의 의(義)를 복음에 나타내셨다. 그것은 예수 그리스도께서 우리 대신 십자가에 죽으셔서 우리의 모든 죄의 책임과 형벌을 담당하심으로써 이루신 의(義)이다(단 9:24; 롬 10:4; 고전 1:30). 이제 하나님께서는 예수 그리스도를 믿는 자들에게 이 의(義)를 주기를 원하신다. 이것이 복음이며, 이것이 성경이 말하는 구원이다.

'믿음으로 믿음에'라는 말씀은 '처음부터 끝까지 믿음으로'라는 뜻이라고 본다. 구원은 오직 예수 그리스도를 믿음으로만 얻는다. 이것이 복음이 하나님의 구원의 능력이 되는 이치이다. 어떤 큰 죄인이라도 예수 그리스도 앞에 나아와 그를 구주와 주님으로 영접하고 믿으면 죄사함과 의롭다 하심의 구원을 얻는다. 이것이 하나님의 복음이다. 예수 그리스도의 십자가 대속(代贖)을 깨닫고 그를 영접하고 믿는 것, 곧 속죄신앙은 죄인이 구원 얻는 신앙이며 구원의 길이다.

본문의 교훈을 정리해보자. 첫째로, 바울은 로마로 가서 그 교인들을 견고케 하기를 원했다(11절). 우리의 믿음과 인격은 성경말씀으로 견고해져야 한다. 믿음은 말씀에서 나오며(롬 10:17) 말씀은 영의 양식과 같고(마 4:4) 일정한 음식보다 귀히 여겨야 한다(욥 23:12). 그것은 우리의 신앙 지식을 확실케 하며(눅 1:4) 우리에게 확신을 준다(딤후 3:14). 우리는 그리스도의 말씀이 우리 속에 풍성히 거하게 해야 한다(골 3:16). 우리는 신구약 성경말씀을 통해 우리의 믿음과 인격이 견고해져야 한다.

둘째로, 바울은 로마로 가서 서로의 믿음을 인해 위로 얻기를 원했다(12절). 우리는 피차 위로해야 한다. 하나님께서는 위로의 하나님이시며 하나님의 위로를 받는 자는 서로 위로하는 자가 된다(고후 1:3-4). 성령께서는 위로자로 우리 속에 계신다(요 14:16). 로마서 15:4, "무엇이든지 전에 기록한 바는 우리의 교훈을 위하여 기록된 것이니 우리로 하여금 인내로 또는 성경의 안위[위로]로 소망을 가지게 함이니라." 성도들의 교제는 서로의 참된 믿음으로 인하여 서로에게 큰 위로가 된다.

셋째로, 바울은 복음을 부끄러워하지 않았다(16절). 우리는 복음을 부끄러워하지 말아야 한다. 구원 얻은 자들은 다 복음에 빚진 자들이다. 바울은 "그러므로 나는 할 수 있는 대로 로마에 있는 너희에게도 복음 전하기를 원하노라"고 말했다. 바울이 복음을 부끄러워하지 않은 것은 그것이 모든 믿는 자에게 구원을 주는 하나님의 능력이 되기 때문이다. 복음에는 하나님의 의가 나타나 있고 죄인들은 그 복음 곧 예수 그리스도를 믿음으로 죄사함과 의롭다 하심을 얻는다. 사람이 구원을 얻는 것은 구주 예수 그리스도를 믿음으로써이다. "우리의 의는 이것뿐 예수님의 피밖에 없다." 우리는 모든 사람에게 복음을 전함으로 한 명의 영혼이라도 구원해야 한다. 그것이 우리와 교회의 첫 번째 사명이다.

18-27절, 우상숭배와 정욕의 죄

로마서 1-2장은 구원의 필요성에 대해 설명한다. 사람들에게 구원이 필요한 것은 그들의 많은 죄와 하나님의 진노의 심판 때문이다.

〔18-19절〕[이는] 하나님의 진노가 불의로 진리를 막는 사람들의 모든 경건치 않음과 불의에 대하여 하늘로 좇아 나타나나니[나타남이니] 이는 하나님을 알 만한 것이 저희 속에 보임이라. 하나님께서 이를 저희에게 보이셨느니라.

본문은 사람들에게 구원이 필요한 까닭은 하나님의 진노가 불의로 진리를 막는 사람들의 모든 경건치 않음과 불의에 대해 하늘로 좇아 나타날 것이기 때문이라고 말한다. 사람들의 많은 죄에 대해 하나님의 진노가 있을 것이기 때문에 사람들에게 구원이 필요한 것이다.

사람들은 자신들의 많은 죄 때문에 구원이 필요하다. 바울은 사람을 '불의로 진리를 막는 사람'이라고 말한다. 사람은 불의를 행하면서 진리를 가로막는다. 사람은 죄성을 가지고 불의를 행하고 진리에 대한 관심과 흥미가 없고 또 진리를 가로막고 왜곡시키고 대항한다.

사람의 죄는 불경건과 불의로 요약된다. 모든 죄는 불의이며 그 중에 하나님에 대한 죄가 불경건이다. 불의는 불경건을 포함한다. 하나님의 법을 지키는 것이 의(義)요, 그것을 지키지 못한 것이나 어긴 것이 죄이다. 죄들 중 불경건은 근원적 죄이다. 다른 모든 죄는 거기에서 나온다. 사람은 하나님을 두려워하지 않으므로 여러 죄를 짓는다.

사람들의 불경건에 대하여 하나님께서 진노하시는 이유는 하나님을 알 만한 것이 그들 속에 보이기 때문이다. 본문은 하나님에 관한 지식이 모든 사람 속에 있고 하나님께서 그것을 그들에게 보이셨다고 말한다. 하나님께서는 모든 사람에게 자신을 어느 정도 알려주셨다. 그것이 사람의 종교성과 하나님 의식이다.

〔20절〕[이는] 창세로부터 그의 보이지 아니하는 것들 곧 그의 영원하신

능력과 신성(神性)이 그 만드신 만물에 분명히 보여 알게 되나니[됨이니] 그러므로 저희가 핑계치 못할지니라.

신비롭고 오묘막측한 천지만물은 창조주 하나님께서 계심을 증거한다. 작은 건물 하나도 지은이가 있는데, 이 오묘막측한 천지만물이 우연히 생겼다는 것은 가장 불합리한 말이다. 천지만물은 전지전능하신 창조주의 크신 능력과 신성(神性)을 알게 해준다. 자연만물은 사람이 창조주 하나님께서 계신 줄 몰랐다고 핑계할 수 없게 만든다.

〔21절〕 하나님을 알되 하나님으로 영화롭게도 아니하며 감사치도 아니하고 오히려 그 생각이 허망하여지며 미련한 마음이 어두워졌나니.

하나님께서는 사람들이 하나님을 알되 하나님을 영화롭게 하거나 감사치 않고 도리어 우상숭배에 떨어졌기 때문에 진노하신다. '하나님을 알되'라는 말씀은 모든 사람이 다 하나님을 알고 있음을 보인다. 무신론자도 전쟁 때에는 하나님을 찾는다고 한다. 우리나라의 선조들은 하나님에 대한 바른 지식이 없었으나 하나님의 존재를 부정하지 않았고 그들 나름대로의 방식으로 하나님을 섬겨왔다. 모든 사람들은 하나님의 존재를 어느 정도 의식하며 살지만, 그 하나님을 참으로 영화롭게 하지 않고 또 그에게 감사하지도 않는다. 사람들의 마음은 심히 어두워져 있다. 천지만물을 창조하신 하나님에 대한 지식을 가지지 못한 것이 사람의 근본적인 무지(無知)이며 어리석음이다.

〔22-23절〕 스스로 지혜 있다 하나 우준하게 되어 썩어지지 아니하는 하나님의 영광을 썩어질 사람과 금수[새들과 짐승들]와 버러지 형상[기는 것들]의 우상으로 바꾸었느니라.

사람들은 자신을 지혜롭다고 생각하고 있지만, 하나님께서 창조하신 세상에 살면서 그를 알지 못하고 있다. 세상의 시작에 대한 지식이 없으면 세상의 진행과 목적에 대한 지식도 있을 수 없다. 역사상 천재적 사상가들의 인생관은 보통 사람들의 것과 별로 다르지 않았다. 그러므로 성경은 모든 사람이 다 무지하고 어리석다고 말한다.

사람들의 무지의 대표적 증거가 우상숭배이다. 우상숭배는 창조주 하나님과 피조 세계를 혼동하는 것이다. 하나님께서는 영원자존자이 시며 그의 영광은 썩어지거나 없어지지 않는 영광이며, 이 세상의 것 들은 다 썩어지는 것들이다. 그럼에도 불구하고, 사람들은 우상숭배 에 빠져 있다. 우상숭배는 불경건과 무지의 증거이다. 그러므로 하나 님께서 사람들의 불경건에 대해 진노하시는 것은 정당한 일이다.

〔24절〕 그러므로 하나님께서 저희를 마음의 정욕대로 더러움에 내어 버 려두사 저희 몸을 서로 욕되게 하셨으니.

'그러므로'라는 말은 불경건이 모든 정욕의 죄의 원인임을 보인다. 하나님께서는 도덕의 근원이시고 하나님을 부정하는 것은 부도덕의 뿌리이다. 그러므로 사람의 도덕성의 회복은 하나님을 두려워할 때 에만 가능하다. 하나님을 두려워하는 자들만 악을 떠날 수 있다.

하나님께서는 불경건한 자들을 정욕의 죄 가운데 버려두셨다. 그 는 죄인들을 회개시키시고 구원하실 능력도 있고 그들을 버려두실 권한도 있다. 왜 자신들을 구원치 않느냐고 항의할 수 없는 것은, 그 들이 스스로 하나님을 떠났고 지금도 하나님을 알 만한 것이 그들 속 에 있고 자연만물 속에 명백히 나타나 있음에도 불구하고 하나님께 감사치 않고 오히려 우상숭배에 빠져 있기 때문이다.

하나님께서는 사람들의 불경건한 마음을 마음의 정욕과 더러움에 버려두셨다. 정욕의 죄는 불경건에서 나온다. 그것은 불경건의 죄에 대한 하나님의 한 징벌이다. 죄는 죄를 더한다. 불경건한 사회는 음란 한 사회가 된다. 그것은 확실히 하나님의 징벌이다.

〔25절〕 이는 저희가 하나님의 진리를 거짓 것으로 바꾸어 피조물을 조물 주보다 더 경배하고 섬김이라. 주[께서]는 곧 영원히 찬송할 이시로다. 아멘.

'하나님의 진리'는 하나님에 관한 바른 말을 가리키고, '거짓 것'은 하나님에 관한 거짓된 말을 가리킨다(KJV, NASB, NIV). 사람들은 참 하나님을 우상으로 바꾸었고, 하나님에 대한 바른 말을 헛된 우상의 말로 바꾸었다. 그래서 사람들은 피조물을 조물주 대신 혹은 조물주보다 더 경배하고 섬기고 있다. 사람들은 우상들 앞에 절하지만, 우상들은 사람들에게 도움을 줄 수 없다. 사람들은 조상들에게 제사를 드리지만, 죽은 조상들은 후손들에게 복과 화를 주지 못한다.

오늘날 사람들은 하나님 대신 돈을 사랑하며 자기 자신을 사랑한다. 그러나 돈이 신이며 사람이 신인가? 돈이 허망하고 사람이 연약한 것은 돈 많은 이의 자살이나 건강한 사람의 갑작스런 죽음에서 알 수 있다. 그러나 사람은 돈의 종이 되어 돈을 위해 살며 자신만 사랑하며 의지하다가 허무하게 죽어간다. 사람은 이런 헛된 것들을 극복해야 한다. 영원히 찬송 받으실 이는 살아계시고 참되신 하나님뿐이시다. 우리는 영원자존하신 여호와 하나님을 알아야 하고 그 하나님을 마음을 다해 섬기며 그에게 찬송과 감사와 영광을 돌려야 한다.

〔26-27절〕이를 인하여 하나님께서 저희를 부끄러운 욕심(파데 아티미아스 πάθη ἀτιμίας)[저열한 욕망]**에 내어 버려 두셨으니 곧 저희 여인들도 순리대로 쓸 것을 바꾸어 역리로 쓰며 이와 같이 남자들도 순리대로 여인 쓰기를 버리고 서로 향하여 음욕이 불일듯하매 남자가 남자로 더불어 부끄러운 일**(아스케모쉬넨 ἀσχημοσύνην)[상스러운 행위들]**을 행하여 저희의 그릇됨에 상당한 보응을 그 자신에 받았느니라.**

사람들의 죄들 가운데 두드러진 죄는 저열한 욕망의 죄 즉 음란의 죄이다. 바울은 여성들의 죄에 대해 말한다. 여성들은 자신들을 순리대로 쓰지 않고 역리로 쓴다. 여성들이 자신들을 순리대로 쓴다는 말은 성년이 되어 결혼하여 정상적 결혼생활을 하는 것을 말하며, 역리로 쓴다는 것은 정상적 결혼생활을 이탈하여 행하는 것을 말한다. 그것은 특히 여성들의 간음, 음행, 매춘, 동성애 등을 가리켰다고 본다.

바울은 남성들의 죄에 대해서도 말한다. 그들도 하나님께서 주신 부부관계로 만족하지 않고 심지어 남성이 남성으로 더불어 부끄럽고 상스러운 행위들을 했다. 이것은 동성애를 가리킨 것이라고 본다.

로마서 1장: 사람의 죄

이것은 하나님께서 정하신 결혼의 질서를 파괴하는 악한 행위이다. 그러나 사람의 감정과 욕구는 이렇게 심히 변질되었고 부패되었다.

동성애의 죄악은 옛날 소돔 성과 고모라 성 사람들의 죄악이었다 (창 19장). 또 옛날 가나안 족속들에게 이런 죄악이 있었다(레 18장). 또 고대 헬라 사람들과 로마 사람들 가운데도 이런 죄악이 보편적이 었다. 키케로(Cicero)는 말하기를, "[동성애의] 행위는 헬라인들 가운 데는 보편적이었고 그들의 시인들과 위인들 심지어 지식인들과 철학 자들도 그런 일을 행했고 그것을 자랑했다. . . . 그것은 어떤 특정한 도시들만의 풍습이 아니라 그리스 전체의 풍습이었다"라고 했다(투 스쿨란 토론집 4:33; 반즈 노트, p. 554). 하나님께서는 이런 동성애에 대해 '상당한 보응'을 내리셨다. 소돔 성과 고모라 성은 유황불비로 잿더미가 되었고 가나안 족속들은 이스라엘 백성에 의해 멸망당했다. 고대 헬라와 로마도 다 멸망하였다. 오늘날 에이즈(AIDS) 질병의 세 계적 유행은 동성애의 죄악에 대한 하나님의 징벌이라고 보인다.

본문의 교훈을 정리해보자. 첫째로, 하나님의 진노가 모든 불경건과 불의에 대해 하늘로 좇아 나타난다. 그것은 마지막 심판으로 나타난다. 그것을 피할 길은 경건과 도덕성의 완전한 회복인데, 그것은 불가능하 고 오직 회개하고 예수 그리스도를 믿어 죄씻음을 받아야 한다.

둘째로, 우리는 경건해야 한다. 우리는 우상숭배치 말아야 한다. 돈이 나 사람이나 자기 자신이나 과학이 우상이 되지 않게 해야 한다. 우리 는 영원자존하신 하나님, 살아계신 참 하나님, 창조자, 섭리자, 심판자 하나님을 바로 알고 그에게 합당한 감사와 영광과 경배를 드려야 한다.

셋째로, 우리는 거룩해야 한다. 우리는 모든 불의를 버리고 도덕성을 회복해야 한다. 우리와 우리 자녀들은 이 음란한 세대에서 특히 음란, 간음, 매춘, 동성애의 악을 다 버리고 예수 그리스도의 피로 늘 깨끗이 씻음 받고 우리의 몸과 마음을 항상 거룩하게 지키도록 힘써야 한다.

- 21 -

28-32절, 여러 가지 죄악들

〔28절〕 **또한 저희가 마음**(에피그노세이 $\epsilon\pi\iota\gamma\nu\dot\omega\sigma\epsilon\iota$)**[지식](KJV)에 하나님 두기를 싫어하매 하나님께서 저희를 그 상실한 마음**(아도키몬 눈 $\dot\alpha\delta\dot o\kappa\iota\mu o\nu$ $\nu o\hat\upsilon\nu$)**[부패된 생각](NASB, NIV)대로 내어 버려두사 합당치 못한 일을 하게 하셨으니.**

사람들은 세상의 많은 지식을 가지고 있지만 하나님에 대한 참된 지식을 가지기를 싫어한다. 하나님의 지식이 모든 지식의 근본이지만 그들은 그 지식을 거절한다. 그래서 하나님께서는 그들을 그 부패된 생각에 내버려두셨다. 사람들의 생각은 하나님의 보시기에 부패되어 있다. 하나님께서는 그들을 버려두셔서 합당치 못한 일들을 행하게 하셨다. 하나님에 대한 참된 지식을 거절하는 자는 결국 여러 가지 죄악들에 떨어진다. 불경건은 모든 죄악들의 근원이다.

〔29절〕 **곧 모든 불의, [음행](전통본문),**[1]** 추악**(포네리아 $\pi o\nu\eta\rho\acute\iota\alpha$)**[악], 탐욕, 악의가 가득한 자요 시기, 살인, 분쟁, 사기(詐欺)[속임], 악독이 가득한 자요 수군수군하는 자요.**

불경건의 결과, 사람들에게는 모든 불의가 가득하다. '모든 불의'는 뒤에 열거된 여러 죄악들을 포함한다. '불의'(不義)는 모든 죄악들의 대표적 명칭이다. 의(義)는 하나님의 계명에 일치하는 행위요, 불의(不義)는 그 계명에 어긋나는 행위이다. 하나님께서는 우리가 계명에 순종하는 의로운 삶을 살기를 원하시고 모든 불의를 정죄하신다.

사람들은 또 음행이 가득하다. 사람의 죄악들 중에 우상숭배 다음으로 두드러진 죄악은 음행이다. 세상은 악하고 음란한 세상이다(마 12:39). 하나님께서는 결혼 제도를 주셨고 사람에게 성적 순결과 깨끗하고 단정한 삶을 명하시며 음행을 미워하시고 정죄하신다.

사람들은 또 악이 가득하다. 악은 다른 사람에게 정신적, 물질적 해

---

1) Byz (it^d vg) syr$^{(p)}$ arm (오리겐$^{lat3/6}$) 등에 있음.

를 끼치는 것이다. 하나님께서는 사람에게 선하게 살라고 명하시지만 사람들은 다른 사람에게 악을 행한다. 사람들은 또 탐욕이 가득하다. 탐욕은 이 세상의 것을 더 많이 가지려는 마음이다. 그것은 실상 하나님 대신 세상을 사랑하는 것이며 일종의 우상숭배이다(골 3:5). 또 탐욕은 사람으로 다른 죄들을 짓게 하는 원인이 되며 거기서 각양의 죄들이 나온다. 성도가 하나님과 영원한 천국을 참으로 믿고 소망하고 사모한다면 허무한 세상의 것들에 대한 탐심을 버려야 한다.

사람들은 또 '악의'(惡意)가 가득하다. 악한 마음에서 악한 행위들이 나온다. 사람은 마음과 생각을 지켜야 하며 악한 마음을 버리고 선한 마음을 가져야 한다. 사람들은 또 '시기, 살인, 분쟁'이 가득하다. 시기는 남이 나보다 잘되는 것을 싫어하는 마음이다. 그것은 미워하는 마음으로 발전하고 미워하는 마음은 살인하는 데까지 이르기도 한다. 미워하는 것은 살인하는 것과 같다(요일 3:15). 또 사람은 욕심 때문에 살인하기도 한다. 또 사람들은 분쟁한다. 시기와 미움, 사랑 없음, 자기 중심적임, 상대방을 무시함, 오해함 등이 분쟁을 만든다.

사람들은 또한 '속임과 악독'이 가득하다. 사람들은 자기의 유익을 위해 남을 속이고 남을 해친다. 그러나 하나님의 계명은 사람이 이웃을 자기 몸과 같이 사랑하는 것이다. 성도는 자기의 이익보다 하나님의 뜻을 먼저 생각하고 거기에 순종해야 하고, 또 하나님의 뜻 안에서 진실해야 하고 다른 사람들의 유익을 생각하고 행동해야 한다.

사람들은 또 '수군수군한다.' 이것은 은밀히 남의 말 하기를 좋아하는 행동을 가리킨다. 남에게 할 말이 있으면 당사자에게 직접 해야 하며 뒤에서 그에 관해 수군거리지 말아야 한다. 우리는 하나님 앞에서 각자 자기 일에 충실해야 하고 다른 사람의 일에 참견하지 말고 또 다른 사람에 대해 말하기를 좋아하지 말아야 한다.

〔30절〕 비방하는 자요 하나님의 미워하시는 자요 능욕하는〔거만한〕 자요 교만한 자요 자랑하는 자요 악을 도모하는 자요 부모를 거역하는 자요.

'비방한다'는 말은 남의 명예에 해가 되는 말을 하는 것을 가리킨다. 비방은 교만과 시기와 미움 등에서 나온다. 사랑은 이웃의 모든 허물을 덮지만(잠 10:12), 미움은 이웃에 대한 비난으로 나타난다. 그리하여 인간 관계에 금이 가고 가정이나 단체나 교회나 사회가 파괴된다. 사랑은 건설하는 덕이요, 미움과 비난은 파괴하는 악이다.

'하나님의 미워하시는 자'라는 원어(데오스튀게이스 θεοστυγεῖς)는 '하나님을 미워하는 자들'이라는 뜻일지도 모르지만(BDAG) 인간 관계의 죄를 말하는 문맥상 '하나님께서 미워하시는 자들'이라는 뜻 같다(Thayer). 모든 악이 다 하나님께서 미워하시는 악이지만 특히 남을 거짓되이 비방하는 것은 매우 미워할 만한 악이다.

또 사람들은 '거만한 자요 교만한 자요 자랑하는 자'이다. 거만함과 교만함과 자랑함, 이 세 단어들은 뜻이 서로 가깝다. 교만은 마귀의 죄악이고(딤전 3:6) 죄인들의 특성이 되었다. 피조물이 창조주 하나님을 대항하고 자신을 주인과 왕으로 여기는 것이 교만이다. 하나님께서 온 세상의 주인과 왕이시므로, 교만은 어리석고 무지한 일이요 매우 근본적 죄악이다. 거기에서 남을 멸시함과 자랑이 나온다.

사람들은 또 악을 도모하며 계획한다. 이것은 실수의 악이 아니고 의도된 악, 계획된 악이다. 고의적인 악행은 실수로 범하는 악행보다 더 악하다. 부지 중에 범한 죄와 고의적인 죄는 벌이 크게 다르다.

사람들은 또 부모를 거역한다. '주의 교양과 훈계로' 양육되지 않은 자녀들은 부모를 거역한다. 이것이 부패된 인간 본성이다. 아이들은 엄한 교훈과 징계와 훈련을 통하지 않고는 잘 길들여지지 않고 통제되지 않는다. 그래서 성경은 어릴 때부터 교훈과 징계의 매로 아이들을 교육하라고 말한다(잠 23:13-14). 사람의 부패된 본성은 사랑의 매를 통해 조금씩 제어되고 고쳐질 수 있다(잠 13:24; 22:15).

〔31절〕 우매한 자(아쉬네투스 ἀσυνέτους)요 배약(背約)하는 자요 무정한 자요 [원통함을 풀지 않는 자요](전통본문)2) 무자비한 자라.

사람들은 우매하여 참된 지혜와 지식, 총명과 이해력이 없다. 그들은 많은 지식을 추구하여 얻지만, 참으로 알아야 할 지식, 곧 인생이 어디서 와서 어디로 가며 왜 여기 살고 있고 무엇을 위해 살아야 하는지에 대한 지식이 없다. 이것이야말로 우매한 인생의 모습이다.

'배약(背約)하는 자'는 약속을 어기는 자, 불신실한 자를 가리킨다. 사람이 약속을 어기는 데는 부득이한 환경적 요인도 있겠지만, 많은 경우는 자신의 불신실함 때문이다. 사람들은 쉽게 약속하고 그 약속을 쉽게 어긴다. 특히 사람의 불신실함은 시간이나 돈에 대한 약속에서 나타난다. 그러나 신실한 인격은 약속을 반드시 지키려 한다.

'무정한 자'는 인정이 없는 자를 가리킨다. 사람들은 어떤 경우에는 인정이 있어 보이지만, 다른 경우들에는 무정함을 드러낸다. 사람들은 자기 유익을 위해 부모님을 저버리며 아내를 학대한다. 힘센 자는 약한 자를 학대하고 그의 것을 빼앗고 강대국은 약소국을 침략한다.

또 사람들은 원통한 일이 있을 때 그것을 마음에 오래 간직하고 잘 풀지 않고 또 보복하려 한다. 사람은 서로 화해하기 어렵고 마음을 달래기 어려운 존재이다. 이런 부족 때문에 인간 관계가 깨진다. 그러나 우리는 우리에게 악을 행한 자와도, 그가 사과하면, 언제나 화해해야 한다. 우리는 남의 잘못을 용서하기를 힘써야 한다.

마지막으로, 사람들은 무자비하다. 자비와 긍휼은 하나님의 성품이다. 그러나 타락한 사람들은 이기적(利己的)이게 변하였고 자기 이익을 위해 남을 해치고 남의 것을 교묘하게 빼앗는다. 또 그들은 남을 불쌍히 여기는 마음이 있다면 결코 할 수 없을 악을 행하며 또 거칠고 폭력적이고 사악한 자들이 되었다.

〔32절〕 저희가 이 같은 일을 행하는 자는 사형에 해당하다고 하나님의 정하심을 알고도 자기들만 행할 뿐 아니라 또한 그 일을 행하는 자를 옳다

---

2) Byz C vg syr^p arm 오리겐$^{lat1/2}$ 등에 있음.

하느니라(쉰유도쿠시 συνευδοκοῦσι)[칭찬하느니라, 기뻐하느니라].

사람들은 이런 죄악들을 행하는 자가 죽어야 마땅하다는 하나님의 율법과 공의를 알고 있다. 이런 공의는 그들의 사회법들에 어느 정도 나타나 있고 그들의 양심의 법에도 기록되어 있다. 죄에 대한 하나님의 벌은 사망이다. 그것은 변할 수 없는 하나님의 법칙이다. 죄인들은 영적으로, 육적으로 죽고 영원히 죽을 것이다. 그것은 단지 그들의 몸의 죽음 정도가 아니고 그들의 몸과 영혼이 받을 영원한 지옥 형벌을 포함한다(계 21:8). 그럼에도 불구하고, 사람들은 자기들만 이런 죄악들을 행할 뿐 아니라 이런 것들을 행하는 자를 옳다고 칭찬하고 기뻐한다. 이것은 하나님 앞에서 더 가증하고 뻔뻔한 일이다.

본문의 교훈을 정리해보자. 첫째로, 사람들은 심히 죄악되다. 사람은 하나님에 대한 참된 지식을 가지기를 싫어하기 때문에 여러 가지 죄들에 떨어진다. 하나님께서는 그들을 그렇게 내어 버려두셨다(24, 26, 28절). 사람들은 모든 불의, 음행, 악, 탐욕, 악의가 가득하고, 시기, 살인, 분쟁, 속임, 악독이 가득하고, 수군수군하고 비방하고 하나님 앞에 가증하고, 거만하고 교만하고 자랑하고, 악을 계획하고 부모를 거역하고, 지혜와 총명이 없고 약속을 어기고 무정하고 원통함을 풀지 않고 무자비하며 게다가 악행하는 자들을 옳다고 칭찬하고 기뻐하는 뻔뻔함까지 있다. 이런 모든 죄악들 때문에 하나님의 진노가 사람들에게 임한다.

둘째로, 우리는 이런 모든 죄악들을 미워하고 버리고 그것들로부터 떠나야 한다. 우리는 모든 죄악들을 깨끗이 씻음 받아야 한다. 사람의 죄들은 어떻게 씻음 받을 수 있는가? 사람의 죄는 오직 하나님의 아들 구주 예수 그리스도의 십자가 보혈로만 깨끗이 씻음 받을 수 있다. 그러므로 사람은 자신의 모든 죄를 인정하고 미워하고 버리기를 결심하고 주 예수 그리스도를 믿어 죄사함과 의롭다 하심의 구원을 얻어야 하고 이제는 모든 죄를 멀리하고 정직하고 선하고 진실하게 살아야 한다.

2장: 하나님의 심판

〔1-3절〕 **그러므로 남을 판단하는 사람아, 무론 누구든지 네가 핑계치 못할 것은 남을 판단하는 것으로 네가 너를 정죄함이니 판단하는 네가 같은 일을 행함이니라. 이런 일을 행하는 자에게 하나님의 판단이 진리대로 되는 줄 우리가 아노라. 이런 일을 행하는 자를 판단하고도 같은 일을 행하는 사람아, 네가 하나님의 판단을 피할 줄로 생각하느냐?**

사람은 자기도 악하면서 남의 악함을 판단하기 잘한다. 그러나 그에게 바른 판단력이 어느 정도 있다는 것이 그를 옳은 자로 만들지는 못한다. 남의 잘못을 잘 지적하고 판단한다고 해서 그가 의로운 자가 되는 것은 아니다. 오히려 바로 그 판단의 행위가 그를 정죄하는 일이 된다. 왜냐하면 그 자신이 같은 악을 행하기 때문이다. 그의 양심은 자기도 정죄받아야 할 자임을 증거한다. 하나님께서는 사람들의 행위를 판단하실 것이다. 그러므로 이 세상의 악인들이든지, 그들을 판단하는 자들이든지, 혹은 세상 법정에서 그들을 심문하고 벌주는 재판관들까지도 하나님의 공의롭고 두려운 심판을 피할 수 없다.

〔4-5절〕 **혹 네가 하나님의 인자하심이 너를 인도하여 회개케 하심을 알지 못하여 그의 인자하심과 용납하심과 길이 참으심의 풍성함을 멸시하느뇨? 다만 네 고집과 회개치 아니한 마음을 따라 진노의 날 곧 하나님의 의로우신 판단이 나타나는 그 날에 임할 진노를 네게 쌓는도다.**

남의 죄를 판단하면서 자신은 회개치 않고 하나님의 심판을 무시하는 자는 하나님의 더 큰 심판을 받을 수밖에 없다. 그는 다른 죄인보다 더 악한 자이다. 장차 하나님의 진노의 날 곧 하나님의 의로우신 판단이 나타나는 날이 올 것이다. 하나님의 심판은 가상적 이야기가 아니고 장차 실제로 온 세상에 임할 한 사건이다. 이와 같이, 모든 사람이 죄인이요 온 세상을 심판하실 하나님의 심판의 날이 다가오고 있다는 이 사실들이 모든 죄인들의 구원의 필요성을 증거한다.

〔6-8절〕하나님께서 각 사람에게 그 행한 대로 보응하시되 참고 선을 행하여 영광과 존귀와 썩지 아니함을 구하는 자에게는 영생으로 하시고 오직 당을 지어(엑스 에리데이아스 $\dot{\epsilon}\xi$ $\dot{\epsilon}\rho\iota\theta\epsilon i\alpha s$)[혹은 '이기적 야망으로'(NASB)] **진리를 좇지 아니하고 불의를 좇는 자에게는 노와 분으로 하시리라.**

하나님께서는 각 사람에게 그 행한 대로 보응하신다. 그의 심판은 공의롭다. 그는 참고 선을 행하여 영광과 존귀와 썩지 아니함을 구하는 자에게 영생으로 보응하신다. 선을 행하는 데는 인내가 필요하다. 한두 번 선을 행하는 것은 누구나 할 수 있겠지만, 계속 선을 행하는 것은 인내가 필요하다. '영광과 존귀와 썩지 아니함'은 참으로 가치 있고 영광스러운 부활과 천국과 영생을 가리킨다. 참고 선을 행함으로 영광과 존귀와 썩지 아니함을 구하는 자는 복된 몸으로 부활하여 천국에 들어가고 영생에 이를 것이다. 구원 얻을 자들은 참고 선을 행하며 부활과 천국과 영생을 사모하다가 영생에 이를 것이다.

그러나 악인들 속에는 다투며 당을 짓는 이기적 야망이 있다. 그들은 사람의 존귀함을 알지 못하고 세상의 헛된 것만을 더 가지려 한다. 그래서 그들은 진리에 복종치 않고 당을 지어 진리와 다투며 불의를 좇고 온갖 악을 행한다. 그러나 공의로운 심판자이신 하나님께서는 바로 이런 사람들에게 마침내 노와 분으로 보응하실 것이다.

〔9-10절〕악을 행하는 각 사람의 영에게 환난과 곤고(스테노코리아 $\sigma\tau\epsilon$-$\nu o\chi\omega\rho i\alpha$)[곤경, 심한 고생]**가 있으리니 첫째는 유대인에게요 또한 헬라인에게며 선을 행하는 각 사람에게는 영광과 존귀와 평강**[평안]**이 있으리니 첫째는 유대인에게요 또한 헬라인에게라.**

악을 행하는 각 사람의 영혼에 환난과 심한 고통이 있을 것이다. 육신에도 그러하지만, 그의 영혼에 더욱 그러하며, 악인은 죽은 후에도 그 영혼이 지옥에서 고통 중에 있게 될 것이다(눅 16:23-25). 악에 대한 이러한 보응은 유대인들에게나 이방인들에게나 동일하다. 그러나 선을 행하는 각 사람에게는 영광과 존귀와 평안이 있을 것이다.

이러한 행복도 의인의 심신(心身) 곧 육신과 영혼에 다 적용되며, 또 유대인들에게 뿐만 아니라, 이방인들에게도 다 적용된다.

〔11절〕 **이는 하나님께서 외모로 사람을 취하지 아니하심이니라.**

하나님의 심판은 공평하며 세계적이다. 그것은 유대인들과 이방인들에게 다 임한다. 그것은 하나님께서 사람을 외모로 취하지 않으시기 때문이다. 하나님께서는 유대인들의 역사와 전통과 특권 때문에 그들을 편벽되이 취급하지 않으실 것이다. 오늘날도 하나님께서는 사람의 학력이나 직업, 재산이나 가문, 사회적 신분 등 외적 조건을 보고 편벽되이 그를 판단치 않으신다. 하나님께서는 공의롭게, 공평하게, 공정하게 심판을 시행하시는 공의로운 하나님이시다.

〔12-13절〕 **무릇 율법 없이 범죄한 자는 또한 율법 없이 망하고 무릇 율법이 있고 범죄한 자는 율법으로 말미암아 심판을 받으리라. 하나님 앞에서는 율법을 듣는 자가 의인이 아니요 오직 율법을 행하는 자라야 의롭다 하심을 얻으리니.**

하나님께서 사람을 외모로 편벽되이 판단하지 않으신다. 그러므로 율법 없이 범죄한 자는 율법 없이 망하고 율법이 있는데도 범죄한 자는 율법으로 말미암아 심판을 받을 것이다. 율법을 가진 유대인들이나 율법이 없는 이방인들이나 다 그들이 행한 대로 공의롭고 공평하게 하나님의 심판을 받을 것이다. 하나님 앞에서는 율법을 듣는 자가 의인이 아니요 율법을 행하는 자라야 의롭다 하심을 얻는다. 율법을 가진 유대인들은 이방인들보다 하나님의 공의의 심판대 앞에서 더 나은 조건을 가진 것이 아니다. 하나님 앞에서는 율법을 가지고 있었느냐, 율법을 알았느냐가 문제가 아니고 율법을 지켰느냐가 문제이다. 왜냐하면 신명기 6:25에 보면 하나님의 모든 명령을 지킨 자만이 하나님 앞에서 의롭다 하심을 얻을 수 있기 때문이다.

〔14-15절〕 **(율법 없는 이방인이 본성으로 율법의 일을 행할 때는 이 사람은 율법이 없어도 자기가 자기에게 율법이 되나니 이런 이들은 그 양심이**

증거가 되어 그 생각들이 서로 혹은 송사하며 혹은 변명하여 그 마음에 새긴 율법의 행위를 나타내느니라.)

이방인들은 그들에게 율법이 없었다고 해서 하나님의 공의의 심판에서 면제될 수 없다. 왜냐하면 율법 없는 이방인들도 본성으로 율법의 일을 행하며 그 양심으로 옳고 그름을 증거하기 때문이다. 모든 사람 안에 있는 양심, 즉 도덕적 분별력은 하나님께서 사람의 마음 속에 기록해 두신 율법이다. 그래서 사람은 양심대로 행해야 한다.

〔16절〕 곧 내 복음에 이른 바와 같이 하나님이[께서] 예수 그리스도로 말미암아 사람들의 은밀한 것을 심판하시는 그 날이라.

사도 바울은 복음의 내용 속에 하나님의 마지막 심판의 진리가 있음을 증거한다. 심판은 두려운 진리이지만, 기독교의 근본 교리이며 (히 6:1-2) 복음의 기본적 내용이다. '예수 그리스도로 말미암아'라는 말씀은 예수께서 심판주이심을 보인다. 예수 그리스도께서는 심판주이시다(요 5:22; 행 17:31). 그 날에 하나님께서는 예수 그리스도로 말미암아 모든 사람의 은밀한 것을 심판하실 것이다. 그 심판은 공의롭고 철저할 것이다. 여기에 모든 사람들의 구원의 필요성이 있다.

〔17-24절〕 유대인이라 칭하는 네가 율법을 의지하며 하나님을 자랑하며 율법의 교훈을 받아 하나님의 뜻을 알고 지극히 선한 것을 좋게 여기며 네가 율법에 있는 지식과 진리의 규모[형식]를 가진 자로서 소경의 길을 인도하는 자요 어두움에 있는 자의 빛이요 어리석은 자의 훈도[교사]요 어린아이의 선생이라고 스스로 믿으니 그러면 다른 사람을 가르치는 네가 네 자신을 가르치지 아니하느냐? 도적질 말라 반포하는 네가 도적질하느냐? 간음하지 말라 말하는 네가 간음하느냐? 우상을 가증히 여기는 네가 신사(神社)[성전] 물건을 도적질하느냐? 율법을 자랑하는 네가 율법을 범함으로 하나님을 욕되게 하느냐? 기록된 바와 같이 하나님의 이름이 너희로 인하여 이방 중에서 모독을 받는도다.

사도 바울은 유대인들 중에 한 지도적인 인물을 가상적으로 들어 유대인들의 잘못을 지적한다. 그 유대인은 율법을 의지하고 하나님을 자랑한다. 그는 율법의 교훈을 받아 하나님의 뜻을 알고 지극히 선한 것을 좋게 여긴다. 그는 율법 지식과 진리의 형식을 가진 자로서 소경의 길을 인도하는 자요 어두움에 있는 자의 빛이요 어리석은 자의 교사요 어린아이의 선생이라고 스스로 믿고 있다.

사도 바울은 남을 가르치는 유대인이 도적질하거나 간음하여 율법을 범함으로 하나님을 욕되게 하고 있다고 지적한다. 하나님과 율법을 알지 못하는 이방인들은 악을 행하는 그 유대인 때문에 그의 하나님을 욕하고 있다. 이 말씀은 오늘날 형식적인 교인들에게도 똑같이 적용된다. 우리가 교인이라는 이름, 더욱이 직분자의 이름을 가지고 있으면서 어떤 악을 행하면, 세상 사람들은 우리가 섬기는 하나님과 예수 그리스도를 욕하게 될 것이다. 그러므로 우리는 성도다운 인격과 삶이 없이 교인이라는 이름이나 교회의 직분을 자랑하지 말아야 한다. 교인이라는 이름보다, 또 목사, 장로, 권사, 집사의 직분보다 더 중요한 것이 의롭고 선한 인격과 삶임을 알고 기도하고 힘써야 한다.

〔25-29절〕 네가 율법을 행한즉 할례가 유익하나 만일 율법을 범한즉 네 할례가 무할례가 되었느니라. 그런즉 무할례자가 율법의 제도(디카이오마 δικαίωμα)[의(KJV), 요구(NASB, NIV)]를 지키면 그 무할례를 할례와 같이 여길 것이 아니냐? 또한 본래 무할례자가 율법을 온전히 지키면 의문(儀文)(그람마 γράμμα)[율법 조문]과 할례를 가지고 율법을 범하는 너를 판단치 아니하겠느냐? 대저 표면적 유대인이 유대인이 아니요 표면적 육신의 할례가 할례가 아니라. 오직 이면적 유대인이 유대인이며 할례는 마음에 할지니 신령에 있고[성령님으로 말미암고](NASB, NIV) 의문(儀文)[율법 조문]에 있지 아니한 것이라. 그 칭찬이 사람에게서가 아니요 다만 하나님에게서니라.

할례를 받은 것은 율법을 행할 때 가치가 있지, 율법을 범할 때는 아무 가치가 없다. 그것은 무할례와 다를 바가 없다. 그러므로 할례자가 율법을 어기면 그가 할례를 받았다는 것이 무슨 의미와 가치가 있는가? 무할례자인 이방인이 율법을 온전히 지키면 율법과 할례를 가지고 율법을 범하는 유대인들을 판단하지 않겠는가? 할례의 의미와 가치는 율법을 행하는 데 있다. 그러므로 성경은 마음의 할례에 대해 가르친다(신 10:16; 렘 4:4). 그것은 마음의 모든 더러움과 완고함을 베어 내버리는 것이다. 그것은 심령의 거룩한 변화인 중생(重生)을 가리킨다. 진정한 기독교는 마음과 내면성의 종교이며 변화된 심령의 종교이다. 하나님의 구원은 모든 죄악된 마음 상태로부터 새로워지고 깨끗해지는 마음의 변화이다. 참된 경건은 사람의 마음이 새로워져서 마음으로 하나님을 경외하고 믿고 순종하는 것이다.

본문의 교훈을 정리해보자. 첫째로, 장차 온 세상에 하나님의 마지막 심판이 있을 것이다. 하나님께서는 심판을 아들에게 맡기셨고(요 5:22) 아들 예수께서는 산 자와 죽은 자를 심판하기 위해 다시 오실 것이다 (행 17:31; 딤후 4:1; 사도신경). 요한계시록 22:10, "보라, 내가 속히 오리니 내가 줄 상이 내게 있어 각 사람에게 그의 일한 대로 갚아 주리라."

둘째로, 하나님께서는 공의로 철저하게 심판하실 것이다. 그 날은 "하나님의 의로우신 판단이 나타나는 날"이다(5절). 모든 사람은 자기의 행한 대로 심판을 받을 것이다. 참고 선을 행하여 영광과 존귀와 썩지 아니함을 구하는 자는 영생에 이르고 불의를 좇는 자는 진노에 이를 것이다(6-8절). 주께서는 사람들의 은밀한 것도 다 심판하실 것이다(16절). 요한계시록 20:13, "각 사람이 자기의 행위대로 심판을 받고." 죄인들은 죄를 회개하고 구주 예수님을 믿고 하나님의 계명들을 순종해야 한다.

셋째로, 하나님께서는 종교적 외식을 미워하신다. 성도라는 이름이나 교회의 직분자라는 이름보다 더 중요한 것은 성도다운 인격과 삶이다. 참된 경건은 사람의 마음이 새로워져서 마음으로 하나님을 경외하고 믿고 그의 계명을 순종하여 정직하고 선하고 진실하게 사는 것이다. 우리는 옛날 유대인들처럼 형식적 교회 생활에 머무르지 말아야 한다. 마태복음 23장에 보면, 주께서는 외식하는 유대의 지도자들에게 화를 선언하셨고 "너희가 어떻게 지옥의 판결을 피하겠느냐?"고 말씀하셨다.

3장: 칭의(稱義)의 방법

1-18절, 모든 사람이 죄인임

〔1-2절〕그런즉 유대인의 나음이 무엇이며 할례의 유익이 무엇이뇨? 범사에 많으니 첫째는 저희가 하나님의 말씀을 맡았음이니라.

사도 바울은 유대인들의 특권들 중 첫째는 그들이 하나님의 말씀을 맡았다는 사실이라고 말한다. 하나님의 말씀은 유대인들을 통해 온 세계의 모든 족속에게 전달되었다. 모세와 선지자들과, 예수님과 사도들은 유대인들 즉 이스라엘 사람들이었다. 성경 저자들은 주로 유대인들이었다. 하나님께서는 유대인들에게 진리들을 계시하셨고 그것들을 기록하고 보관하며 전달하게 하셨다. 그것은 유대인들의 특권이었다. 시편 147:19-20, "저가 그 말씀을 야곱에게 보이시며 그 율례와 규례를 이스라엘에게 보이시는도다. 아무 나라에게도 이같이 행치 아니하셨나니 저희는 그 규례를 알지 못하였도다."

〔3-6절〕어떤 자들이 믿지 아니하였으면 어찌하리요? 그 믿지 아니함이 하나님의 미쁘심[신실하심]을 폐하겠느뇨? 그럴 수 없느니라. 사람은 다 거짓되되 오직 하나님은[께서는] 참되시다 할지어다. 기록된 바 주께서 주의 말씀에 의롭다 함을 얻으시고 판단 받으실 때에 이기려 하심이라 함과 같으니라. 그러나 우리 불의가 하나님의 의를 드러나게 하면 무슨 말 하리요? 내가 사람의 말하는 대로 말하노니 진노를 내리시는 하나님이[께서] 불의하시냐? 결코 그렇지 아니하니라. 만일 그러하면 하나님께서 어찌 세상을 심판하시리요?

어떤 유대인들이 믿지 않았다고 해서 하나님께서 유대인들에게 주신 하나님의 말씀 보관의 특권에 차질이 생긴 것은 아니다. 이스라엘 백성에게 주신 하나님의 언약의 신실하심은 그들의 불신앙과 불순종 때문에 폐해지지 않았다. 사람들은 다 거짓될지라도 하나님께서는 참되시다. 하나님께서는 그의 말씀들과 심판에서 의로우시다.

그러나 사람의 불의가 하나님의 의를 드러낸다고 해서 그 불의가 정당화될 수는 없다. 불의에 대하여 진노하시는 하나님께서는 결코 불의하지 않으시다. 세상을 심판하시는 그가 불의하시다면, 어떻게 심판자가 될 수 있으시겠는가? 의롭지 못한 심판자는 참된 심판자가 될 수 없다. 그러므로 유대인들이 아무리 하나님의 은혜를 입은 자들일지라도, 또 그들의 죄와 부도덕함이 하나님의 의를 드러낸다 할지라도, 그들이 범죄하는 한 그들은 마땅히 정죄(定罪)받아야 한다.

[7-8절] 그러나[왜냐하면3) 어떤 이들이 말하기를] 나의 거짓말로 하나님의 참되심이 더 풍성하여 그의 영광이 되었으면 어찌 나도 죄인처럼 심판을 받으리요? 또는 그러면 선을 이루기 위하여 악을 행하자 하지 않겠느냐? [않겠느냐 함이라.] (어떤 이들이 이렇게 비방하여 우리가 이런 말을 한다고 하니) 저희가 정죄(定罪)받는 것이 옳으니라.

본문은 5, 6절을 보충 설명한다. 사람의 거짓말로 하나님의 참되심이 더 풍성하게 드러났을지라도 그의 거짓말이 어떤 선한 역할을 한 것이 아니며 선으로 간주될 수도 없다. 하나님의 사람들이 선을 이루기 위해 악을 행하는 것은 있을 수 없다. 무슨 일이든지 목적이 선하고 옳아야 할 뿐만 아니라, 방법도 선하고 옳아야 한다.

이 말씀은 전도를 위해 자유주의 교회들과 천주교회들과 협력하는 어떤 복음주의 전도자들의 오류를 잘 증거한다. 우리는 하나님의 일을 할 때, 바른 목적을 가져야 하고 바른 방법도 사용해야 한다. 바른 목적을 위해 바르지 않은 방법을 사용하는 것은 옳지 않다.

[9절] 그러면 어떠하뇨? 우리는 나으뇨? 결코 아니라. 유대인이나 헬라인이나 다 죄 아래 있다고 우리가 이미 선언하였느니라.

사도 바울은 이미 유대인이나 이방인이나 다 죄인임을 증거하였다. 그는 1장에서는 주로 이방인의 죄를, 2장에서는 주로 유대인의 죄를

---

3) Byz B it^d vg syr^p cop^{sa} 오리겐^{lat} 등이 그러함.

증거했다고 보인다. 유대인들은 하나님의 말씀을 맡은 특권을 가지고 있을지라도 이방인들과 다를 바가 없는 죄인들이다. 유대인들이나 이방인들이나 모두 다 구별 없이 하나님 앞에서 죄인들이다.

〔10-12절〕 **기록한 바 의인은 없나니 하나도 없으며 깨닫는 자도 없고 하나님을 찾는 자도 없고 다 치우쳐 한가지로 무익하게 되고 선을 행하는 자는 없나니 하나도 없도다.**

세상에 의인은 한 사람도 없다. '하나님과 사람'(神人)이신 예수님만 예외이실 뿐이다. 사람들 중에서 그는 유일하게 죄가 없으시다(히 4:15; 벧전 2:22; 요일 3:5). 그 외에 하나님의 계명에 완전히 일치하게 산 자, 즉 완전한 의인은 하나도 없다. 의인 노아나 욥이나 다니엘도(창 6:9; 욥 1:1; 겔 14:14) 완전한 의인은 아니었다. 또 깨닫는 자도 없다. 사람들은 하나님께서 누구이시며 사람이 어디서 와서 무엇을 위해 살아야 하며 또 장차 어디로 갈 것인지 깨닫지 못한다. 또 하나님을 찾는 자도 없다. 모든 사람은 인생의 정로(正路)를 알지 못함으로 이리저리 치우쳤고 헛되고 무가치하게 살고 있다. 사람들이 쌓은 선한 일이라는 것도 실상 그 자신에게 무의미하고 무가치하다. 영원히 가치 있고 선한 일을 행하는 사람은 세상에 아무도 없다.

〔13-15절〕 **저희 목구멍은 열린 무덤이요 그 혀로는 속임을 베풀며 그 입술에는 독사의 독이 있고 그 입에는 저주와 악독이 가득하고 그 발은 피 흘리는 데 빠른지라.**

사람들의 목구멍은 열린 무덤같이 구역질나는 나쁜 냄새를 낸다. 사람들의 마음 속에서 나오는 생각들은 더럽고 악취나는 것들이다. 또 사람들의 혀는 속이는 혀이다. 사람들은 거짓말에 익숙해져 있다. 또 그 입술에는 남을 죽이는 독이 있고 그들의 말들은 남을 저주하는 악독으로 가득하다. 또 그들의 발들은 남을 죽이기에 빠르다. 참으로 사람의 몸과 마음은 전적으로 부패되었고 무능력해졌다.

〔16-18절〕 **파멸과 고생[불행]이 그 길에 있어 평강[평안]의 길을 알지 못**

하였고 저희 눈앞에 하나님을 두려워함이 없느니라 함과 같으니라.

죄인인 사람들의 길에는 파멸과 불행이 있고 그들은 평안의 길을 알지 못한다. 또 그들의 눈앞에는 하나님을 두려워함이 없다. 죄인들의 죄악된 삶의 근본 원인은 하나님을 두려워하지 않는 불경건 때문이다. 사람은 하나님을 경외함으로 악에서 떠나지만(잠 16:6), 하나님을 두려워함이 없는 자들에게는 악을 버리고 떠남도 없고 참된 의(義)와 선(善)도 없다. 그런 자들에게 파멸과 불행이 있을 것이다. 이것이 하나님 없는 세상의 현실이며 우리가 구원 얻기 전 상태였다.

본문의 교훈을 정리해보자. 첫째로, 하나님께서는 유대인들을 통해 하나님의 말씀들과 성경을 주셨다. 우리는 유대인들을 통해 주신 성경과 하나님의 말씀들을 감사히 받고 읽고 다 믿고 다 실천해야 한다.

둘째로, 하나님께서는 참되시고 진실하시고 신실하시다. 디모데후서 2:13, "우리는 신실함이 없을지라도 주께서는 항상 신실하시니 자기를 부인하실 수 없으시리라." 우리는 하나님의 신실하신 말씀을 다 믿고 우리의 삶의 목적과 그 방법도 바르고 참되게 가져야 한다.

셋째로, 모든 사람은 다 죄인이며 심령이 심히 부패되어 선을 행하기에 무능력하다. 하나님께서는 예레미야를 통해서도 "만물보다 거짓되고 심히 부패한 것은 마음이라"고 하셨고(렘 17:9) 또 "구스인이 그 피부를, 표범이 그 반점을 변할 수 있느뇨? 할 수 있을진대 악에 익숙한 너희도 선을 행할 수 있으리라"는 절망적인 말씀을 하셨다(렘 13:23). 인류는 유대인이나 이방인이나 다 구별 없이 하나님 앞에서 죄인들이다.

넷째로, 죄인들의 길에는 파멸과 불행이 있고 심령에는 평안이 없다. "파멸과 불행이 그 길에 있어 평안의 길을 알지 못했고." 이사야 48:22, "여호와께서 말씀하시되 악인에게는 평안이 없다 하셨느니라." 사람의 죄는 죽음과 불행과 지옥 벌을 가져왔다. 사람이 천국에서 영생과 평안과 기쁨을 누리려면 죄사함과 의롭다 하심을 얻는 구원이 필요하다.

19-31절, 칭의(稱義)의 방법

〔19-20절〕 우리가 알거니와 무릇 율법이 말하는 바는 율법 아래 있는 자들에게 말하는 것이니 이는 모든 입을 막고 온 세상으로 하나님의 심판 아래 있게 하려 함이니라. 그러므로 율법의 행위로 그의 앞에 의롭다 하심을 얻을 육체가 없나니 율법으로는 죄를 깨달음이니라.

사람은 율법을 행함으로 의롭다 하심을 얻지 못한다. 율법의 역할은 모든 사람들로 자신들의 죄악됨을 깨닫게 하여 온 세상이 하나님의 심판 아래 있게 하는 데 있다. 모든 사람은 하나님의 율법 앞에서 죄인으로 판정되므로 하나님 앞에 항변할 말이 없다. 율법을 다 지켜 의롭다 하심을 얻을 사람은 세상에 한 사람도 없다.

〔21절〕 이제는 율법 외에(코리스 노무 χωρὶς νόμου)[율법과 별개로] 하나님의 한 의(義)가 나타났으니 율법과 선지자들에게 증거를 받은 것이라.

기독교 복음은 율법과 별개로 나타난 하나님의 한 의에 대한 소식이다. 사람은 죄인이며 하나님의 심판 아래 있으므로 구원이 필요했다. '이제는'이라는 말은 구약시대와 대조하여 신약시대를 가리키는 말이다. 구약시대에 증거된, 율법으로 말미암는 의(義)는 행위의 의, 즉 모든 율법을 항상 행함으로 얻을 수 있는 의이었다. 그러나 사람은 율법으로 의롭다 하심을 얻을 수 없었다. 이제 하나님께서 율법과 별개로 주시는 한 의가 복음 안에 나타났다. 이것이 예수 그리스도의 대속(代贖)으로 말미암은 의이다. 이 의(義)는 율법과 선지자들, 즉 구약성경에 이미 증거된 바이었다. 구약성경은 '행하라'는 도덕법을 강조하지만, 제사들, 유월절 어린양, 성막 제도 등을 통하여 하나님의 긍휼과 은혜도 증거하였다. 그 은혜는 중보자 예수 그리스도의 탄생과 십자가의 죽으심을 통하여 이루어지고 증거될 것이었다.

구약성경은 또 메시아의 속죄사역으로 인한 의(義)를 직접 예언하기도 하였다. 이사야 53:11, "나의 의로운 종이 자기 지식으로 많은 사람으로 의롭다 하심을 얻게 하며 또 그들의 죄악을 친히 담당하리라." 다니엘 9:24, "네 백성과 네 거룩한 성을 위하여 70이레[주간]로 기한을 정하였나니 허물이 마치며 죄가 끝나며 죄악이 영속(永贖)되며[영원히 속(贖)하여지며] 영원한 의(義)가 드러나며 이상(異像)과 예언이 응하며 또 지극히 거룩한 자가 기름부음을 받으리라."

〔22절〕 곧 예수 그리스도를 믿음으로 말미암아 모든 믿는 자에게[믿는 모든 자에게 그리고 모든 자 위에](전통본문)4) 미치는 하나님의 의니 차별이 없느니라.

이 하나님의 의는 예수 그리스도를 믿음으로 얻는 의이다. 율법을 행함으로 얻는 의(義)가 아니고 예수 그리스도를 믿음으로 얻는 의(義)이다. 신약시대의 의(義)는 예수 그리스도를 믿는 자들이 누구나 차별 없이 받을 수 있는 의(義)이다. 그러므로 신약 성도들에게 예수 그리스도를 믿는 믿음은 구원을 위해 필수적으로 중요하다.

〔23-24절〕 [이는] 모든 사람이 죄를 범하였으매 하나님의 영광에 이르지 못하더니 그리스도 예수 안에 있는 구속(救贖)으로 말미암아 하나님의 은혜로 값없이 의롭다 하심을 얻은 자 되었느니라[되었음이니라].

본문은 모든 믿는 사람들이 차별 없이 의롭다 하심을 얻는 까닭을 말한다. 그 까닭은 모든 사람이 죄를 범했고 하나님의 영광에 이르지 못했으나 그리스도 예수 안에 있는 구속(救贖)으로 말미암아 죄인이 단지 그를 믿음으로 하나님의 은혜로 값없이 의롭다 하심을 얻었기 때문이다. 믿음으로 얻는 의(義)는 행위로 얻는 의(義)와 대조된다. 이것은 하나님의 전적인 은혜요 값없이 거저 얻는 의이다. 이런 의가 가능한 것은 예수 그리스도께서 죄인을 위해 구속(救贖)을 이루셨기 때문이었다. '구속'(救贖)이란 값을 주고 산다는 뜻이다. 그것은 예수 그리스도께서 십자가에 죽으심으로 우리의 모든 죗값, 즉 죄의 책임

---

4) Byz it^d vg^{cd} syr^p 오리겐^{lat} $^{1/6}$ 등이 그러함.

곧 죄책과 죄의 형벌을 짊어지시고 우리를 건져내셨다는 뜻이다. 그러므로 예수 그리스도를 믿는 자는 누구나 그의 십자가의 보배로운 피로 죄씻음과 의롭다 하심을 얻는 것이다. 이것이 구원이다.

[25-26절] 이 예수[님]를 하나님이[께서] 그의 피로 인하여[피를] 믿음으로 말미암는 화목제물(힐라스테리온 ἱλαστήριον)[유화(宥和)제물]로 세우셨으니 이는 하나님께서 길이 참으시는 중에 전에 지은 죄를 간과하심으로 자기의 의로우심을 나타내려 하심이니 곧 이때에 자기의 의로우심을 나타내사 자기도 의로우시며 또한 예수[님] 믿는 자를 의롭다 하려 하심이니라.

이 말씀은 앞절의 말씀을 좀더 설명한다. 예수님을 믿는 것은 그의 속죄사역을 믿는 것이고 그의 피를 믿는 것이다. 피가 생명이므로 피 흘림이 죄를 속(贖)한다(레 17:11). 유화제물(宥和祭物)은 하나님의 진노를 가라앉히는 제물을 말한다(레 1:9). 그것은 우리의 죄로 인한 하나님의 크신 진노가 예수 그리스도의 피 흘리신 죽음으로 누그러지셨다는 의미이다. 그것이 성경이 말하는 속죄의 한 의미이다.

'전에 지은 죄를 간과하심으로'라는 말은 예수 그리스도를 믿기 전에 지은 죄들을 용서하심으로라는 뜻이다. 물론, 사람이 예수님 믿고 난 후에 짓는 죄들도 예수 그리스도의 속죄의 피로 씻음을 받는다. 하나님께서 죄인들을 무조건 의롭다고 간주하신다면 그런 판단 자체가 불의하셨을 것이다. 그러나 그가 죄인들의 죄의 형벌을 대신 담당하신 그리스도의 속죄사역에 근거하여 예수님 믿는 자들을 의롭다고 하셨으므로, 그것은 의로운 판단이시요 의로운 행위이신 것이다.

이와 같이, 예수 그리스도의 십자가 대속 사역으로 인한 의롭다 하심 곧 칭의(稱義)의 진리는 하나님의 공의로우심을 증거할 뿐만 아니라, 또한 예수님 믿는 자들이 받는 의(義)의 정당함을 증거한다. 하나님께서 택자들의 모든 죄를 예수 그리스도께 전가(轉嫁)시키셨으므로 그들을 의롭다고 정당하게 선포하실 수 있다는 뜻이다.

그러나 성도들이 얻은 이 의롭다 하심은 성도가 실제로 의인으로 변화되었다는 뜻이 아니고, 단지 법적으로 의인으로 간주된다는 뜻이다. 그것은 법적인 의미이다. 그것은 하나님께서 하늘 법정에서 성도들에게 죄가 없다는 무죄(無罪) 판결을 내리심과 같다. 물론, 의롭다 하심을 받은 자는 또한 새 생명을 받기 때문에 실제적으로도 거룩하고 의로운 삶을 산다. 그러나 성도는 비록 법적으로는 완전한 의인이지만 실제적으로는 아직 불완전하고 부족이 많다.

〔27절〕 그런즉 자랑할 데가 어디뇨? 있을 수가 없느니라. 무슨 법으로냐? 행위로냐[행위의 법으로냐]? 아니라. 오직 믿음의 법으로니라.

성도의 의가 자신의 행위에 근거하지 않고 전적으로 예수 그리스도의 피 흘리신 속죄사역에 근거하기 때문에, 성도는 자랑할 것이 없다. 율법과 별개로 나타난 의, 복음 안에 나타난 의, 즉 예수 그리스도로 말미암은 의는 받는 사람 편에서 아무것도 자랑할 수 없는 의이다. 왜냐하면 이 의는 사람들의 행위의 법으로 얻는 것이 아니고, 단지 예수 그리스도께서 이루신 의를 믿음으로 얻는 것이기 때문이다.

〔28절〕 그러므로 사람이 의롭다 하심을 얻는 것은 율법의 행위에 있지 않고[행위와 관계가 없고] 믿음으로 되는 줄[됨을] 우리가 인정하노라[로기조마이 λογίζομαι][단언하노라(NASB, NIV), 판단하노라, 결론 내리노라(KJV)].

본절에서 사도 바울은 사람이 율법을 행함으로가 아니고 믿음으로 의롭다 하심을 얻는다는 복음의 기본적 진리를 다시 단언하였다.

〔29-31절〕 하나님은[께서는] 홀로 유대인의 하나님뿐이시뇨? 또 이방인의 하나님은 아니시뇨? 진실로 이방인의 하나님도 되시느니라. 할례자도 믿음으로 말미암아 또는 무할례자도 믿음으로 말미암아 의롭다 하실 하나님은[께서는] 한 분이시니라. 그런즉 우리가 믿음으로 말미암아 율법을 폐하느뇨? 그럴 수 없느니라. 도리어 율법을 굳게 세우느니라.

하나님께서는 온 세상에 유일하신 하나님이시다. 그는 유대인들의 하나님이실 뿐만 아니라, 또한 이방인들의 하나님이시다. 그러므로 예수 그리스도를 믿음으로 의롭다 하심을 얻는 구원 진리는 할례 받은 유대인들에게나 할례 받지 않은 이방인들에게나 똑같이 적용된다. 이 구원 진리는 어느 시대나 어느 민족에게나 동일하다. 그것은 오늘날에도 효력 있는 진리이다. 오늘날도 죄인들은 오직 하나님의 은혜로 예수 그리스도의 속죄를 믿음으로 의롭다 하심의 구원을 얻는다.

그러나 그렇다고 해서 신약의 복음이 구약의 율법을 폐지시키는 것은 아니다. 구약과 신약은 서로 충돌치 않는다. 율법과 복음은 서로 모순되지 않는다. 구약과 신약은 그림자와 실체요 예언과 성취이다. 율법은 사람으로 하여금 죄를 깨닫게 하여 복음으로 이끄는 인도자 역할을 한다. 사실, 복음에 제시된 그리스도의 십자가 속죄의 죽음은 율법의 저주를 받으신 죽음이었고(갈 3:13) 율법의 의를 이루신 것이었다(롬 10:4). 그러므로 믿음으로 의롭다 하심을 얻는 것은 율법을 폐지하는 것이 아니고 오히려 율법을 굳게 세우는 것이다.

본문의 교훈을 정리해보자. 첫째로, 세상에는 율법의 행위로 의롭다 하심을 얻을 자가 아무도 없다. 율법은 사람의 죄를 깨닫게 할 뿐이다. 사람은 율법으로 죄를 깨달으나 율법을 지켜 구원 얻지는 못한다. 율법을 행함으로 구원을 얻는다는 소위 율법주의는 진리가 아니다.

둘째로, 예수 그리스도께서는 우리의 죄를 위한 속죄의 죽음을 죽으셨고 유화(宥和) 제물이 되셨다. 24절, "그리스도 예수 안에 있는 구속(救贖)." 25절, "화목 제물[유화 제물]." 예수 그리스도의 죽음은 우리의 죄로 인해 받아야 할 형벌을 대신 받으신 것이다. 그는 우리의 죗값을 지불하셨고 우리의 죄로 인한 하나님의 진노를 누그러뜨리셨다.

셋째로, 사람은 율법을 행함으로써가 아니고 예수 그리스도를 믿음으로써 의롭다 하심을 얻는다. 죄사함과 의롭다 하심의 구원은 전적으로 하나님의 은혜이며 예수 그리스도의 대속 사역에 근거한다. 예수 그리스도께서 이루신 하나님의 의는 예수 그리스도를 믿는 모든 자들에게 주어진다. 이것이 죄인이 믿음으로 의롭다 하심을 얻는 구원이다.

4장: 아브라함의 예

〔1-3절〕 그런즉 육신으로 우리 조상된 아브라함이 무엇을 얻었다 하리요? 만일 아브라함이 행위로써 의롭다 하심을 얻었으면 자랑할 것이 있으려니와 하나님 앞에서는 없느니라. 성경이 무엇을 말하느뇨? 아브라함이 하나님을 믿으매 이것이 저에게 의로 여기신 바 되었느니라(창 15:6).

믿음으로 의롭다 하심을 얻는다는 진리는 구약성경도 증거한 바이었다. 사도 바울은 아브라함을 그 예로 들었다. 창세기 15장에 보면, 하나님께서 자녀가 없는 늙은 아브라함에게 "하늘을 우러러 뭇별을 셀 수 있나 보라. 네 자손이 이와 같으리라"고 말씀하셨을 때 아브라함은 하나님을 믿었고 하나님께서는 그의 믿음을 의로 여기셨다.

〔4-5절〕 일하는 자에게는 그 삯을 은혜로 여기지 아니하고 빚으로 여기거니와 일을 아니할지라도 경건치 아니한 자를 의롭다 하시는 이를 믿는 자에게는 그의 믿음을 의로 여기시나니.

'일'이라는 말은 행위를 가리킨다. 일하는 자가 받는 삯은 은혜가 아니고 당연히 받아야 할 보수이다. 사람을 의롭다 하심이 그의 의로운 행위에 근거한다면 그것은 은혜가 아닐 것이지만, 의로운 행위가 없을지라도 경건치 않은 자를 의롭다 하시는 하나님을 믿는 믿음이 의로 간주된다면 그것은 전적으로 하나님의 은혜이다.

이와 같이, 믿음과 행위는 서로 구별되고 대조된다. 믿음은 행위와 다른 무엇이다. 그것은 말 그대로 그저 믿는 것이다. 이것은 성도에게 의로운 행위가 필요 없다는 뜻이 아니다. 아브라함은 경건하고 의로운 삶을 살았다. 참 믿음은 경건하고 정직한 행위로 나타난다. 그러나 사람의 행위는 불완전하므로 사람이 행위로 의롭다 하심을 얻는 것은 불가능하다. 그러므로 사람은 행위로가 아니고 믿음으로 의롭다 하심을 얻는 것이다. 이것이 하나님의 죄인 구원의 방법이다.

〔6-8절〕 일한 것이 없이(코리스 에르곤 χωρὶς ἔργων)[행위들과 별개로]

하나님께 의로 여기심을 받는 사람의 행복에 대하여 다윗의 말한 바 그 불법을 사하심을 받고 그 죄를 가리우심을 받는 자는 복이 있고 주께서 그 죄를 인정치 아니하실 사람은 복이 있도다 함과 같으니라.

사도 바울은 행위들과 별개로 하나님께 의롭다 하심을 받는 사람의 행복에 대해 증거한 다윗의 시를 인용했다. 그가 인용한 말씀은 시편 32:1-2이다. 그것은 사람이 죄가 없어서 의롭다 하심을 받는 것이 아니고 죄가 있지만 죄사함을 받기 때문에 의롭다 하심을 받는 것을 보인다. 이와 같이, 의롭다 하심은 사람의 의로운 행위에 근거한 것이 아니고, 오직 하나님의 값없이 주시는 은혜인 것이다.

〔9-10절〕 그런즉 이 행복이 할례자에게뇨? 혹 무할례자에게도뇨? 대저 우리가 말하기를 아브라함에게는 그 믿음을 의로 여기셨다 하노라. 그런즉 이를 어떻게 여기셨느뇨? 할례시냐? 무할례시냐? 할례시가 아니라 무할례시니라.

아브라함이 의롭다 하심을 받은 것은 할례 받기 전인가 후인가? 그가 하나님을 믿음으로 의롭다 하심을 받은 사건은 창세기 15장에 나오고(15:6), 창세기 16장은 그가 하갈을 취하여 이스마엘을 낳은 때가 86세라고 증거하며, 창세기 17장은 아브라함이 할례를 받은 때가 99세라고 증거한다(17:24). 그러므로 아브라함이 믿음으로 의롭다 하심을 얻은 때는 그가 할례를 받기 13년 이전이었다고 보인다.

〔11-13절〕 저가 할례의 표를 받은 것은 무할례시에 믿음으로 된 의를 인친 것이니 이는 무할례자로서 믿는 모든 자의 조상이 되어 저희로[저희도]5) 의로 여기심을 얻게 하려 하심이라. 또한 할례자의 조상이 되었나니 곧 할례 받을 자에게 뿐 아니라[할례 받을 뿐 아니라 또한](원문, KJV, NASB, NIV) 우리 조상 아브라함의 무할례시에 가졌던 믿음의 자취를 좇는 자들에게(도)니라. 아브라함이나 그 후손에게 세상의 후사(後嗣)가 되리라고 하신 언약은 율법으로 말미암은 것이 아니요 오직 믿음의 의로 말미암은 것이니라.

---

5) Byz C it^d vg syr^p cop^{sa} arm 오리겐$^{lat-1/3}$ 등이 그러함.

아브라함의 할례는 그가 무할례시에 믿음으로 받은 의를 확증하는 표이었다. 아브라함이 할례자의 조상이라고 할 때, 그 할례자는 단지 육신의 할례를 받은 자들을 가리키지 않고, 육신의 할례를 받았을 뿐 아니라 또한 아브라함의 믿음을 가진 유대인들을 가리킨다고 말할 수 있다. 이와 같이, 아브라함이 열국의 아버지가 되고 그 후손들이 온 세계에 충만하리라는 약속은 믿음으로 의롭다 하심을 얻는 유대인들과 이방인들에게 적용되고 그들을 다 포함하는 뜻이 있었다.

〔14-16절〕만일 율법에 속한 자들이 후사(後嗣)이면 믿음은 헛것이 되고 약속은 폐하여졌느니라. 율법은 진노를 이루게 하나니 율법이 없는 곳에는 범함도 없느니라. 그러므로 후사가 되는 이것이 은혜에 속하기 위하여(카타 카린 κατὰ χάριν)[은혜에 의거하기 위하여] 믿음으로 되나니 이는 그 약속을 그 모든 후손에게 굳게 하려 하심이라. 율법에 속한 자에게 뿐 아니라 아브라함의 믿음에 속한 자에게도니 아브라함은 하나님 앞에서 우리 모든 사람의 조상이라.

율법은 죄인에게 죄를 깨닫게 하고 그로 하여금 진노하신 하나님 앞에 서게 한다. 그러므로 율법만으로라면 아무도 하나님 앞에 의롭다 하심을 얻을 수 없었다. 여기서 율법과 은혜, 행위와 믿음은 다시 대조된다. 율법을 행하는 것과 주 예수 그리스도를 믿는 것은 별개의 문제이다. 물론, 참으로 믿는 자는 율법을 순종하며 바르게 살 것이다. 그러나 믿음 그 자체는 율법 순종의 행위와는 구별된다.

〔17-18절〕기록된 바 내가 너를 많은 민족의 조상으로 세웠다 하심과 같으니 그의 믿은 바 하나님은[께서는] 죽은 자를 살리시며 없는 것을 있는 것같이 부르시는 이시니라. 아브라함이 바랄 수 없는 중에 바라고 믿었으니 이는 네 후손이 이 같으리라 하신 말씀대로 많은 민족의 조상이 되게 하려 하심을 인함이라.

사도 바울은 아브라함을 예로 들어 믿음의 성격을 증거한다. 아브라함이 믿은 하나님께서는 죽은 자를 살리시며 없는 것을 있는 것처럼 부르시는 자시다. 그는 무(無)로부터 천지만물을 만드신 전능하신 하나님이시다. 믿음은 바로 그 하나님 곧 전능하신 하나님을 믿는 것이다. 아브라함은 바랄 수 없는 중에 하나님의 약속을 바라고 믿었다. '바랄 수 없는 중에 바라고'라는 말은 '소망을 거슬러 소망 중에'라는 역설적 표현이다. 아브라함은 육신적으로 소망이 없었으나 하나님께 대한 소망을 붙들었다. 이것은 다른 말로 말하면, 자신에 대한 부정과 하나님께 대한 긍정을 뜻한다. 사람이 자기에게 무엇이 있다고 생각할 때 하나님을 섬기다가 자기에게 아무것도 없는 것이 드러날 때에 낙심하고 좌절하는 것은 믿음이 아니다. 그것은 그가 전능하신 하나님을 믿은 것이 아니고 단지 자기 자신을 믿은 것일 뿐이다.

〔19-25절〕 그가 백세나 되어 자기 몸의 [이미] 죽은 것 같음과 사라의 태의 죽은 것 같음을 알고도[생각하지 않고](전통사본)[6] 믿음이 약하여지지 아니하고 믿음이 없어 하나님의 약속을 의심치 않고 믿음에 견고하여져서 하나님께 영광을 돌리며 약속하신 그것을 또한 능히 이루실 줄을 확신하였으니 그러므로 이것을 저에게 의로 여기셨느니라. 저에게 의로 여기셨다 기록된 것은 아브라함만 위한 것이 아니요 의로 여기심을 받을 우리도 위함이니 곧 예수[님] 우리 주[님]를 죽은 자 가운데서 살리신 이를 믿는 자니라. 예수는[께서는] 우리 범죄함을 위하여[때문에] 내어줌이 되고[되셨고] 또한 우리를 의롭다 하심을 위하여[때문에] 살아나셨느니라.

아브라함은 나이가 많아 백세가 되어 자기 몸과 사라의 태의 죽은 것 같음을 알았을 때에도 믿음이 약해지지 않았다. 그는 결코 자신의 상태만 바라보지 않았고 하나님의 능력과 약속을 믿었다. 그것이 참된 믿음이다. 믿음은 자기 자신만 바라보지 않고, 전능하신 하나님과 그의 아들 예수 그리스도를 바라보고 믿는 것이다. 믿음은 우리 자신이 아무것도 아니요 하나님께서 우리의 모든 것이라고 인정하는 것이며, 자신을 하나님께 전적으로 맡기며 그를 믿고 의지하는 것이다.

우리의 구원이 바로 그러하다. 예수 그리스도께서는 우리의 범죄

---

6) Byz it^d vg^c 오리겐$^{lat-2/3}$ 등이 그러함.

때문에 십자가에 내어줌이 되셨고 우리의 의롭다 하심 때문에 다시 살아나셨다. 예수 그리스도를 죽은 자들 가운데서 살리신 하나님을 믿는 자들은 아브라함의 믿음과 같은 믿음을 가진 자들이다. 주 예수 그리스도의 십자가 대속의 죽음과 삼일 만에 부활하심을 믿는 자는 참 하나님을 믿는 것이며 하나님의 말씀인 성경의 내용을 믿는 것이다. 이 믿음은 사람의 무엇을 의지하거나 두려워하지 않고 단지 전능하신 하나님, 부활의 능력을 가지신 하나님을 믿는 것이다. 이런 믿음을 가진 자들이 아브라함처럼 의롭다 하심을 얻게 되는 것이다.

본문의 교훈을 정리해보자. 첫째로, 아브라함은 자신의 의로운 행위를 통해서가 아니고 하나님을 믿음으로 의롭다 하심을 얻었고 다윗도 행위로는 부족과 실수가 없지 않았지만, 하나님의 용서하심으로 용납함을 받았다. 이와 같이, 죄인들은 자신의 의롭고 선한 행위들로가 아니고 오직 구주 예수 그리스도를 믿음으로 의롭다 하심을 얻는다.

둘째로, 아브라함은 무할례시에 믿음으로 의롭다 하심을 얻었다. 그가 할례의 규례와 율법을 받은 것은 그가 얻은 의를 확증한 것이었다. 그러므로 믿음으로 의롭다 하심을 얻는 진리는 할례자에게나 무할례자에게나 똑같이 적용된다. 율법은 진노를 이루게 할 뿐이다. 유대인들도, 이방인들도 다 오직 예수 그리스도를 믿음으로 의롭다 하심을 얻는다.

셋째로, 아브라함은 바랄 수 없는 중에 하나님을 바라고 믿었다. 그는 전능하신 하나님을 믿은 것이다. 아브라함이 믿은 하나님께서는 죽은 자를 살리시며 없는 것을 있는 것같이 부르시는 자이시다. 믿음은 우리 자신을 부정하고 하나님을 긍정하는 것이며, 우리 자신을 의지하지 않고 오직 하나님께 자신을 맡기는 것이다. 이것이 죄인들이 하나님 앞에서 의롭다 하심을 얻는 믿음이다. 이 믿음이 구원에 이르는 믿음이다. 우리는 주 예수 그리스도께서 십자가에 죽으셨으나 삼일 만에 부활하셨음을 믿음으로써 아브라함의 믿음과 같은 믿음을 가져야 한다.

5장: 칭의(稱義)의 결과

1-11절, 칭의(稱義)의 결과

〔1절〕 그러므로 우리가 믿음으로 의롭다 하심을 얻었은즉 우리 주 예수 그리스도로 말미암아 하나님으로 더불어 화평을 누리자[누리느니라].

'의롭다 하심을 얻었은즉'(디카이오덴테스 δικαιωθέντες, 과거분사)이라는 원어는 칭의(의롭다 하심을 얻음)가 점진적이거나 반복적이지 않고 단회적임을 보인다. '누리자'라는 말(에코-멘 ἔχωμεν)[7]은 다수의 전통사본들에는 '누리느니라'(에코멘 ἔχομεν)[8]고 되어 있다.

칭의의 결과 중 하나는 하나님과의 화목이다. 사람들은 죄 가운데 있었을 때 하나님과 불화(不和)할 수밖에 없었다. 왜냐하면 하나님께서는 죄를 미워하시고 죄에 대해 노하시기 때문이다. 그러나 이제는 예수 그리스도를 믿음으로 우리의 모든 죄가 용서되었고 하나님 앞에서 의롭다 하심을 얻었기 때문에, 우리는 예수 그리스도로 말미암아 하나님과 화목하게 된 것이다. 이제 우리는 담대히 하나님의 은혜의 보좌 앞에 나아갈 수 있게 되었으며, 성경말씀의 묵상과 기도로 하나님과 친밀한 교제를 나눌 수 있게 되었다. 하나님과의 교제는 큰 특권이며 복이다. 그것은 이 세상 사는 동안 에녹과 노아와 욥처럼 하나님과 교제하며 그와 동행하는 것이다(창 5:21-24; 6:9; 욥 29:4).

〔2절〕 또한 그로 말미암아 우리가 (믿음으로) 서 있는 이 은혜에 [믿음으로] 들어감을 얻었으며 하나님의 영광을 바라고 즐거워하느니라.

'우리가 서 있는 이 은혜'는 칭의를 받은 은혜를 가리킨다고 본다. 예수님 믿고 구원 얻은 모든 사람은 이제 칭의를 받은 은혜 안에 서

---

7) Byz^{pt} ℵ* A B* C it^d vg cop^{bo} arm 오리겐^{lat} Lect^{pt} 등이 그러함.

8) MT UBS Byz^{pt} 0220^{vid} vg^{mss} cop^{sa} Lect^{pt AD} 등이 그러함.

있다. 모든 성도는 이 은혜 안에 흔들리지 않고 굳게 서 있어야 하며, 결코 이 은혜를 떠나지 않아야 한다. 칭의(稱義)가 곧 구원이요 생명이기 때문이다. 예수님 믿고 구원 얻는 것은 그를 통하여 죄씻음과 의롭다 하심을 얻는 것이다. 사람이 예수 그리스도를 믿는 믿음과 죄사함과 의롭다 하심을 얻음이 없다면 아무것도 없는 것이다.

칭의의 결과 중 다른 하나는 하나님의 영광을 바라고 즐거워하는 것이다. 이런 즐거움은 장차 올 영광스런 천국, 곧 새 하늘과 새 땅에 대한 확신과 견고한 소망에서 나온다. 죄인은 하나님의 영광에 이르지 못했지만(롬 3:23), 죄사함과 의롭다 하심을 얻은 자들은 하나님의 영광 곧 부활과 천국의 영광에 이르게 될 것이다. 그러므로 구원 얻은 성도는 이 영광을 바라보며 소망 중에 기뻐하고 즐거워할 수 있다. 부활과 천국의 영광은 성도의 기쁨과 즐거움의 이유인 것이다.

[3-4절] 다만 이뿐 아니라 우리가 환난 중에도 즐거워하나니 이는 환난은 인내를, 인내는 연단(鍊鍛)(도키메 δοκιμή)[연단된 인격](Thayer, NASB)을, 연단은 소망을 이루는 줄 앎이로다.

의롭다 하심을 얻은 성도는 평안할 때만 즐거워하는 것이 아니고, 환난 중에도 즐거워한다. 그것은 환난은 인내를, 인내는 연단된 인격을, 연단된 인격은 소망을 이루기 때문이다. 환난이 성도의 신앙 인격을 단련하여 몸의 부활과 천국과 영생에 대한 그의 소망을 확실하게 만들기 때문에, 성도는 환난 중에도 오히려 기뻐할 수 있는 것이다.

[5절] 소망이 부끄럽게 아니함은 우리에게 주신 성령[님]으로 말미암아 하나님의 사랑이 우리 마음에 부은 바 됨이니.

성도의 소망은 헛되지 않다. 그것은 우리를 부끄럽게 하는 헛된 꿈이 아니다. 성도의 소망이 확실한 까닭은 하나님께서 우리에게 주신 성령님으로 말미암아 하나님의 사랑이 우리 마음에 부은 바 되었기 때문이다. 성령께서 우리의 몸 속에 오심은 하나님의 사랑이 우리의 마음에 부어진 것과 같다. 우리의 몸 속에 오셔서 영원히 거하시는 성령께서는 하나님께서 우리를 사랑하셨다는 표이시며 확증이시다.

〔6-8절〕우리가 아직 연약할 때에 기약대로 그리스도께서 경건치 않은 자를 위하여 죽으셨도다. [이는] 의인(디카이우 δικαίου)을 위하여 죽는 자가 쉽지 않고 선인(善人)(투 아가두 τοῦ ἀγαθοῦ)[그 선인]을 위하여 용감히 죽는 자가 혹 있거니와 우리가 아직 죄인 되었을 때에 그리스도께서 우리를 위하여 죽으심으로 하나님께서 우리에게 대한 자기의 사랑을 확증하셨느니라[확증하셨음이니라].

우리가 불경건과 죄 가운데서 연약하였을 때 예수 그리스도께서 우리를 위해 죽으셨다는 사실은 하나님의 사랑을 확증한다. 그러므로 예수 그리스도의 속죄의 복음을 믿고 성령님을 받은 것은 하나님의 사랑이 우리 마음에 부어진 것이며 그 사랑을 체험한 것이다.

우리가 죄인이었을 때 예수 그리스도께서 우리를 위해 죽으셨다는 것은 얼마나 큰 사랑인가! '그 선인'은 앞에 말한 '의인'을 가리킨다고 본다. 죄인들을 위한 예수 그리스도의 속죄의 죽음은 하나님의 크신 사랑의 확증이었다. 요한복음 3:16, "하나님께서 세상을 이처럼 사랑하사 독생자를 주셨으니 이는 저를 믿는 자마다 멸망치 않고 영생을 얻게 하려 하심이니라." 요한일서 4:9-10, "하나님의 사랑이 우리에게 이렇게 나타난 바 되었으니 하나님께서 자기의 독생자를 세상에 보내심은 저로 말미암아 우리를 살리려 하심이니라. 사랑은 여기 있으니 우리가 하나님을 사랑한 것이 아니요 오직 하나님께서 우리를 사랑하사 우리 죄를 위하여 유화제물로 그 아들을 보내셨음이니라."

〔9-11절〕그러면 이제 우리가 그 피를 인하여 의롭다 하심을 얻었은즉 더욱 그로 말미암아 진노하심에서 구원을 얻을 것이니 곧 우리가 원수 되었을 때에 그 아들의 죽으심으로 말미암아 하나님으로 더불어 화목되었은즉 화목된 자로서는 더욱 그의 살으심을 인하여 구원을 얻을 것이니라. 이뿐 아니라 이제 우리로 화목을 얻게 하신 우리 주 예수 그리스도로 말미암아 하나님 안에서 또한 즐거워하느니라.

의롭다 하심을 얻은 성도는 장차 하나님의 진노와 심판으로부터 확실히 구원을 얻을 것이다. 이 구원의 확신은 성도의 기쁨의 근거가 된다. 성도가 장래의 구원을 확신하지 못한다면 결코 기뻐할 수 없을 것이며 고난 중에는 더욱 그러할 것이다. 그러나 이제 성도는 미래의 구원을 확신하므로 고난 중에도 즐거워하는 것이다. 이와 같이, 죄인들이 예수 그리스도의 속죄사역에 근거하여 의롭다 하심을 얻은 것은 하나님과의 화목을 가져오고 그의 마지막 진노의 심판으로부터의 구원을 보증하는 것이다. 성도는 영광의 천국을 확신할 수 있다.

사도 바울은 또 "이뿐 아니라, 이제 우리로 화목을 얻게 하신 우리 주 예수 그리스도로 말미암아 하나님 안에서 또한 즐거워하느니라"고 말한다. 칭의의 결과는 참으로 놀랍다. 예수 그리스도의 구속(救贖)으로 의롭다 하심을 얻은 성도는 하나님과의 화목을 누릴 뿐 아니라, 또한 미래의 구원의 확실한 보증과 확신 속에서 하나님의 영광을 바라고 즐거워한다. 성도는 이 세상에서 하나님과 교제하며 동행하며 살고 천국을 확신하며 소망하고 또한 항상 기뻐하며 산다.

본문은 우리가 예수 그리스도를 믿음으로 의롭다 하심을 받은 결과에 대해 증거한다. 첫째로, 의롭다 하심을 얻은 자들은 하나님과의 화목을 누린다. 이제 우리는 하나님의 은혜의 보좌 앞에 담대히 나아갈 수 있고 성경말씀의 묵상과 기도로 하나님과 친밀한 교제를 나눌 수 있다.

둘째로, 의롭다 하심을 얻은 자들은 하나님의 영광을 바라고 즐거워하며 환난 중에도 즐거워한다. 우리가 천국 소망을 가질 수 있는 것은 바로 칭의 때문이며 환난 중에 즐거워하는 것도 칭의 때문이다.

셋째로, 의롭다 하심을 얻은 자들은 장차 하나님의 진노로부터 구원 얻을 것도 확신한다. 예수 그리스도의 죽으심은 우리에 대한 하나님의 사랑의 확증이었고 우리가 예수님을 믿고 성령님을 받은 것은 그 사랑이 우리 속에 부어진 것이다. 의롭다 하심을 얻은 우리는 이제 하나님과 교제하며 하나님의 마지막 진노로부터의 구원도 확신하게 되었다.

12-21절, 영원한 생명

〔12절〕 이러므로 한 사람으로 말미암아 죄가 세상에 들어오고 죄로 말미암아 사망이 왔나니 **이와 같이**(에프 호 ἐφ᾽ ᾧ)[이는](Thayer, NASB) 모든 사람이 죄를 지었으므로 사망이 모든 사람에게 이르렀느니라[이르렀음이니라].

창세기 3장의 증거대로, 한 사람 아담으로 말미암아 죄가 세상에 들어왔고 죄로 말미암아 죽음이 왔다. 아담의 첫 범죄는 아담 혼자만의 문제가 아니고 온 인류의 문제이었다. 인류의 대표인 아담의 범죄로 인류는 죄인이 되었고 그 죄의 결과로 모두가 죽게 되었다.

〔13-14절〕 죄가 율법 있기 전에도 세상에 있었으나 율법이 없을 때에는 죄를 죄로 여기지 아니하느니라. 그러나 아담으로부터 모세까지 아담의 범죄와 같은 죄를 짓지 아니한 자들 위에도 사망이 왕노릇하였나니 아담은 오실 자의 표상[모형, figure(KJV), type(NASB)]이라.

사람의 죽음의 원인은 죄이다. 율법이 없었던 모세 이전에도 사람들은 다 죽었는데, 그것은 모든 사람이 다 죄인이었기 때문이다.

〔15-16절〕 그러나 이 은사는 그 범죄와 같지 아니하니 곧[왜냐하면] 한 사람의 범죄를 인하여 많은 사람이 죽었은즉[죽었을지라도] 더욱 하나님의 은혜와 또는 한 사람 예수 그리스도의 은혜로 말미암은 선물이 많은 사람에게 넘쳤으리라[넘쳤음이니라]. 또 이 선물은 범죄한 한 사람으로 말미암은 것과 같지 아니하니 심판은 한 사람을 인하여 정죄(定罪)에 이르렀으나 은사는 많은 범죄를 인하여 의롭다 하심(δικαίωμα)에 이름이니라.

한 사람 아담의 범죄로 많은 사람이 죽었으나 한 사람 예수 그리스도의 은혜로 많은 사람이 살았고, 한 사람 아담의 범죄로 모든 인류가 죄와 정죄(定罪) 아래 있었으나 하나님의 은혜는 사람들의 많은 범죄에도 불구하고 그들로 하여금 의롭다 하심에 이르게 하였다.

〔17절〕 한 사람의 범죄를 인하여 사망이 그 한 사람으로 말미암아 왕노릇하였은즉 더욱 은혜와 의의 선물을 넘치게 받는 자들이 한 분 예수 그리스도로 말미암아 생명 안에서 왕노릇하리로다.

한 사람 아담의 범죄로 죽음이 인류를 지배했으나, 한 사람 예수 그리스도의 은혜와 의의 선물로 많은 사람이 영원한 생명을 얻게 되었다. 이것이 의롭다 하심을 얻은 결과이다. 우리는 하나님의 은혜와 의의 선물을 풍성히 받아 영생을 얻었다. 요한복음 5:24, "내가 진실로 진실로 너희에게 이르노니 내 말을 듣고 또 나 보내신 이를 믿는 자는 영생을 얻었고 심판에 이르지 아니하나니 사망에서 생명으로 옮겼느니라." 주 예수님을 믿는 자는 영생을 소유하고 있다.

[18절] 그런즉 한 범죄로 많은 사람이 정죄에 이른 것같이 의의 한 행동으로 말미암아(디 헤노스 디카이오마토스 δι᾽ ἑνὸς δικαιώματος)[한 의로 말미암아] **많은 사람이 의롭다 하심을 받아 생명에 이르렀느니라.**

'그런즉'이라는 말은 본절이 이 단락의 요점임을 보인다. '의롭다 하심을 받아 생명에'라는 말은 의롭다 하심의 결과가 생명임을 보인다. 의와 생명은 함께 간다. 죄는 사망이요 의는 생명이다. 그러므로 칭의의 결과는 영생, 다시 죽지 않는 영원한 생명인 것이다.

15절부터 18절까지 반복되는 말씀은 한 사람 아담의 죄가 어떻게 온 인류에게 전가(轉嫁)되었는지를 증거한다. 아담의 죄는 온 인류의 죄이었다. 이것이 원죄(原罪)이다. 사람은 태어날 때부터 죄인으로 태어난다. 이 원죄는 모든 사람이 죄인이라는 사실, 모든 사람이 죽는다는 사실, 또 모든 사람이 정죄되었다는 사실에서 확증된다.

이와 비슷한 원리(대표 원리)로, 그러나 정반대의 내용으로, 본문은 한 사람 예수 그리스도의 의(義)가 어떻게 믿는 모든 사람들에게 값없이, 은혜로, 풍성히 전가(轉嫁)되었는지를 증거한다. 예수 그리스도의 속죄는 '많은 사람들을 대신한 속죄'이었다. 예수께서는 '많은 사람들의 대속물로' 자기 목숨을 주셨고(마 20:28), 그의 피는 '죄사함을 얻게 하려고 많은 사람들을 위해 흘리신' 피이었다(마 26:28). 그러므로 예수 그리스도로 인해 그를 믿는 많은 사람들이 하나님의 은혜로 죄사함과 의롭다 하심과 영원한 생명을 풍성히 누리게 된 것이다.

〔19절〕 한 사람의 순종치 아니함으로 많은 사람이 죄인된 것같이, 한 사람의 순종하심으로 많은 사람이 의인이 되리라.

죄는 불순종이다. 죄악된 세계의 특징은 하나님과 하나님의 뜻에 대한 불순종이다. 순종은 의요 불순종은 죄이다. 하나님께서는 우리에게 순종과 의를 요구하신다. 노아는 순종하는 의인이며 아브라함도, 모세도, 여호수아도 그러했다. 사람이신 예수께서는 하나님께 대한 순종의 최고의 모범이시다. 그는 창조주로서 피조물인 인간 부모에게 순종하셨고 율법을 주신 자로서 친히 율법을 준행하셨을 뿐만 아니라, 마침내 십자가에 죽기까지 아버지께 순종하셨다.

빌립보서 2:5-8, "너희 안에 이 마음을 품으라. 곧 그리스도 예수의 마음이니 그는 본래 하나님의 본체시므로 하나님과 동등됨을 탈취물(혹은 노획물)로 생각지 않으셨으나(원문) 오히려 자기를 비어 종의 형체를 가져 사람들과 같이 되었고 사람의 모양으로 나타나셨으매 자기를 낮추시고 죽기까지 복종하셨으니 곧 십자가에 죽으심이라."

그의 순종의 죽음은 우리를 위한 의가 되었다. 예수께서 아버지의 뜻에 순종하여 고통과 수치와 저주의 십자가를 지심으로써 우리의 죄를 대속(代贖)하셨기 때문에, 우리는 의롭다 하심을 얻은 것이다. 그러므로 우리는 감사함으로 이 의(義) 안에 거해야 하며 예수 그리스도의 순종을 본받아야 한다. 우리는 불평하며 거역하는 자가 되지 말고 하나님을 믿고 순종하되 죽기까지 순종하는 자가 되어야 한다. 우리 하나님께서 참 하나님이시며 우리가 가진 진리가 진리일진대, 우리는 하나님과 하나님의 말씀인 성경을 믿고 순종해야 한다.

〔20-21절〕 율법이 가입한 것은 범죄를 더하게 하려 함이라. 그러나 죄가 더한 곳에 은혜가 더욱 넘쳤나니 이는 죄가 사망 안에서 왕노릇한 것같이 은혜도 또한 의로 말미암아 왕노릇하여 우리 주 예수 그리스도로 말미암아 영생에 이르게 하려 함이니라.

우리가 율법을 몰랐을 때는 죄가 적었으나 율법을 알게 되므로 우리는 우리의 많은 죄들과 우리 본성의 전적 부패성을 깊이 깨닫게 되었다. 그러나 죄가 많은 곳에 하나님의 은혜는 더욱 풍성했고 넘쳤다. 하나님에 대한 우리의 사랑은 우리 죄의 심각성과 하나님의 죄사함의 은혜의 크심에 대한 우리의 깨달음의 정도에 비례한다. 예수 그리스도의 말씀대로, 큰 죄를 사함받은 자는 하나님을 더 사랑하게 된다(눅 7:47). 이제 우리는 구주 예수 그리스도로 말미암아 우리의 많은 죄를 사함받았고 하나님의 완전한 의를 얻었고 영원한 생명을 가지게 되었음을 깨달았다. 우리의 죄들은 크고 많고 심각했으나 하나님의 죄사함의 은혜는 컸고 풍성했고 놀라웠다. 그러므로 우리는 우리를 의롭다 하신 하나님을 더욱 사랑하는 자가 되어야 한다.

본문의 교훈을 정리해보자. 첫째로, 한 사람 아담의 범죄로 말미암아 인류는 다 죄인 되었고 정죄(定罪) 되었고 죽게 되었다. 아담은 한 개인일 뿐 아니라, 온 인류의 시조(始祖)이며 언약의 대표자이었다. 하나님께서 그에게 처음에 주셨던 명령 곧 선과 악을 알게 하는 나무 열매를 먹지 말라, 먹는 날에는 정녕 죽으리라는 명령은 그가 인류를 대표하여 받은 명령 곧 행위언약이었다. 그 언약에서의 실패는 그 개인의 실패일 뿐 아니라, 인류 전체의 실패이었다. 그것이 원죄(原罪)이었다.

둘째로, 한 사람 예수 그리스도의 의로 말미암아 신자들은 다 의롭다 하심을 얻었다. 이것은 우리의 의롭고 선한 행위로 말미암은 것이 아니고 전적으로 하나님의 은혜와 예수 그리스도의 대속 사역에 근거한 것이다. 예수께서는 십자가의 대속의 죽음으로 우리의 의를 이루셨다.

셋째로, 우리가 예수 그리스도를 믿음으로 의롭다 하심을 얻은 결과는 영원한 생명이다. 죄는 죽음이요 의는 생명이다. 죄의 결과는 죽음이었으나 하나님의 은혜는 예수 그리스도의 대속 사역에 근거하여 그를 믿음으로 의롭다 하심을 얻은 자들이 영생에 이르는 것이다. 죄의 값은 죽음이요 하나님의 은사는 그리스도 예수 안에 있는 영생이다(롬 6:23).

6장: 성화(聖化)의 이유

〔1-3절〕 그런즉 우리가 무슨 말 하리요? 은혜를 더하게 하려고 죄에 거하겠느뇨? 그럴 수 없느니라(메 게노이토 μὴ γένοιτο)(강한 부정어). **죄에 대하여 죽은 우리가 어찌 그 가운데 더 살리요? 무릇 그리스도 예수와 합하여**(에이스 εἰς)[안으로](KJV, NASB, NIV) **세례를 받은 우리는 그의 죽으심과 합하여**(에이스 εἰς)[안으로](KJV, NASB, NIV) **세례 받은 줄을 알지 못하느뇨?**

죄가 더한 곳에 은혜가 더욱 넘쳤지만(5:20) 하나님의 은혜를 더하게 하려고 죄에 거할 수는 없다. 그 이유는 성도가 이미 죄에 대해 죽었기 때문이다. 죄에 대해 죽은 자는 계속 죄 가운데 살 수 없다.

성도가 거룩해야 할 이유 즉 성화(聖化)의 이유는 첫째로 세례의 원리로 설명된다. 성도는 예수 그리스도의 이름으로 세례를 받았을 때 그의 죽으심에 참여했다. 세례는 일차적으로 죄씻음을 표시하고 확증하지만, 그것은 또한 예수 그리스도와의 연합을 표시하고 확증한다. 죄는 하나님과의 분리를 가져오고, 죄씻음은 하나님과의 연합을 가져온다. 주 예수 그리스도께서는 우리의 죄 때문에 죽으셨고 그를 믿는 우리는 그와 연합하여 그의 죽음에 참여한다. 우리는 예수 그리스도와 함께 죄에 대해 죽은 자가 되는 것이다. 그러므로 예수 그리스도의 피로 죄씻음을 받고 그와 연합된 성도가 계속 죄를 짓는다면 그것은 구원의 이치에 반대되는 일이 되는 것이다.

〔4-5절〕 **그러므로 우리가 그의 죽으심과 합하여**[안으로](KJV, NASB, NIV) **세례를 받음으로 그와 함께 장사되었나니 이는 아버지의 영광으로 말미암아 그리스도를**[께서] **죽은 자 가운데서 살리심과**[사심] **같이 우리로 또한 새 생명 가운데서 행하게 하려 함이니라. 만일 우리가 그의 죽으심을 본받아 연합한 자가 되었으면 또한 그의 부활을 본받아 연합한 자가 되리라.**

우리가 예수 그리스도와 함께 죽고 그와 함께 장사된 것은, 그가 하나님 아버지의 영광으로 부활하심과 같이 우리도 새 생명 가운데

살게 하려 함이다. 이와 같이, 예수 그리스도와 함께 죽는 것은 또한 그와 함께 사는 것이며, 그의 부활의 생명이 그와 연합된 이들 속에 활동하여 새 생명으로 살게 하는 것이다. 이치가 그러하다면, 예수 그리스도와 연합된 성도가 죄 가운데, 즉 영적 죽음 가운데서 산다는 것은 모순이 아닐 수 없다. 구원 얻은 자들은 새 생명을 받았고 의로운 생활을 하도록 구원 얻은 것이고 그렇게 살아야 하는 것이다.

〔6-7절〕우리가 알거니와 우리 옛 사람이 예수[님]와 함께 십자가에 못박힌 것은 죄의 몸이 멸하여 다시는 우리가 죄에게 종노릇하지 아니하려 함이니 이는 죽은 자가 죄에서 벗어나 의롭다 하심을 얻었음이니라.

'옛 사람'은 죄로 인해 죽었던 옛 자아, 곧 구원 얻기 전의 자신을 가리킨다. 우리가 예수 그리스도를 믿었을 때 옛 사람은 예수 그리스도와 함께 죽었다. 그리스도 예수 안에 있는 모든 사람은 새 피조물이 되었다(고후 5:17). 옛 사람이 죽은 것은 죄의 몸이 멸하여 다시는 우리가 죄에게 종노릇하지 않게 하려 함이다. '죄의 몸'은 '옛 사람'과 같은 뜻으로 죄성을 가진 몸을 가리킨다. 이제 죄성을 가진 몸인 옛 사람은 죽었고, 의롭다 하심을 얻은 새 사람이 살았다. 우리의 구원은 죄 안 짓게 하는 구원이다. 그것은 죄에 대하여 죽는 구원이며 의를 향해 사는 구원이다. 그러므로 사람이 구원 얻었다고 하면서 죄 가운데 산다면 그는 구원의 목적과 반대로 가고 있는 것이다.

〔8-11절〕만일 우리가 그리스도와 함께 죽었으면 또한 그와 함께 살 줄을 믿노니 이는 그리스도께서 죽은 자 가운데서 사셨으매 다시 죽지 아니하시고 사망이 다시 그를 주장하지 못할 줄을 앎이로라. 그의 죽으심은 죄에 대하여 단번에 죽으심이요 그의 살으심은 하나님께 대하여 살으심이니 이와 같이 너희도 너희 자신을 죄에 대하여는 죽은 자요 그리스도 예수 [우리 주님](전통본문)9) 안에서 하나님을 대하여는 산 자로 여길지어다.

만일 우리가 예수 그리스도를 믿고 세례를 받음으로 그와 연합되

---

9) Byz p^{94}(5-6세기) ℵ C vg^{cl} (syr^p) cop^{bo} arm 오리겐$^{lat-1/11}$ 등에 있음.

어 그와 함께 죽은 자가 되었다면, 우리는 또 그와 함께 살 것이다. 그것은 거룩한 생활로 나타난다. 비록 구원 얻은 성도의 생활이 완전 치 못할지라도, 거룩함은 구원의 당연한 과정이다. 예수께서 부활하 셨고 다시 죽지 않으시고 영원히 사시듯이, 예수님 믿는 우리도 예수 그리스도 안에서 영생하는 새 생명으로 살고 범죄치 않을 것이다.

예수 그리스도께서는 죄에 대해 단번에 속죄의 죽음을 죽으셨다. 그 죽음으로 말미암아, 우리의 죄와 그 결과인 죽음은 영원히 제거되 었다. 죄와 사망은 설 곳이 없어졌다. 예수 그리스도의 속죄의 사역은 완전하고 영원하다. 또 예수 그리스도의 부활은 하나님을 향해 살아 나신 것이다. 이제 죄와 사망은 끝났고 하나님을 위해 사는 생활만 그에게 있다. 성도의 거룩한 생활 곧 성화는 바로 예수 그리스도의 부활에 근거한 것이다. 그러므로 성도들은 예수님의 죽음과의 연합 과 그의 부활과의 연합을 인정해야 한다. 우리는 예수 그리스도께서 죄에 대해 단번에 죽고 하나님을 향해 사신 것처럼 우리도 죄에 대해 죽고 하나님을 향해 산 자임을 인정해야 하는 것이다.

〔12-13절〕그러므로 너희는 죄로 너희 죽을 몸에 왕노릇하지 못하게 하 여 몸의 사욕을 순종치 말고[몸의 욕심들로 말미암아 죄에 순종치 말고](전 통사본)10) 또한 너희 지체를 불의의 병기[도구]로 죄에게 드리지 말고 오직 너희 자신을 죽은 자 가운데서 다시 산 자같이 하나님께 드리며 너희 지체 를 의의 병기[도구]로 하나님께 드리라.

죄는 몸의 욕심들을 통해 활동한다(약 1:15). 몸은 의의 도구가 될 수도 있고 죄의 도구가 될 수도 있다. 성도는 죄에 대해 죽은 자이므 로 죄가 몸을 주장치 못하도록 욕심들을 통제해야 하고 죄에 순종치 말아야 한다. 구원 얻은 성도는 자기 몸을 거룩하게 하나님께 드려야 한다. 13절의 "너희 지체"라는 말에 '지체'는 몸의 부분들, 즉 눈과 귀

---

10) Byz (p46 이레네우스lat 터툴리안) 등이 그러함.

와 입, 손과 발 등을 가리킨다. 성도는 이제 몸의 모든 부분을 불의의
도구로 죄에게 주지 말고, 의의 도구로 하나님께 드려야 한다. 전에는
우리가 하나님 없이 살며 더럽고 악한 것을 보고 듣고 말하며 만지고
그런 곳에 갔을지라도, 이제 우리는 하나님을 위해 우리 몸을 거룩하
게 드리고 의롭고 선한 것만 보고 듣고 말하고 행해야 한다.

〔14절〕[이는] **죄가 너희를 주관치 못하리니**[못할 것임이니] **이는 너희가
법 아래 있지 아니하고 은혜 아래 있음이니라.**

성도들이 자기 몸을 죄에게 주지 않고 하나님께 드릴 수 있는 이유
는 죄가 그들을 주관치 못할 것이기 때문이다. 또 죄가 그들을 주관
치 못하는 이유는 그가 법 아래 있지 않고 은혜 아래 있기 때문이다.
그것은 예수께서 우리 죄를 대신해 죽으심으로 율법의 요구를 만족
시키셨기 때문에 율법이 요구하는 법적 책임과 형벌이 제거되었고
죄사함과 의롭다 하심을 얻은 것을 말한다. 의롭다 하심 곧 칭의(稱
義)는 법적인 구원이다. 성도는 이미 법적으로 완전한 의를 얻었다.

〔15절〕**그런즉 어찌하리요? 우리가 법 아래 있지 아니하고 은혜 아래
있으니 죄를 지으리요? 그럴 수 없느니라**(메 게노이토 μὴ γένοιτο).

바울은 6:1-2에서도 성도가 은혜를 더하게 하려고 죄에 계속 머물
수 있는가라고 질문한 후 '그럴 수 없다'고 강한 부정의 말로 대답했
었다. 그는 여기서도 의롭다 하심을 받은 성도들이 법 아래 있지 않
고 은혜 아래 있다고 해서 죄를 지어도 되는가라고 질문한 후 '그럴
수 없다'고 한번 더 강한 부정의 말로 대답한다. 그는 의롭다 하심을
얻은 성도가 죄짓는 생활을 할 수 없음을 다시 강조한 것이다! 성화
는 성도의 당연한 길이다. 성도는 죄 가운데 거해서는 안 된다.

사도 요한도 요한일서 3:9-10에서 "하나님께로서 난 자마다 죄를
계속 짓지 아니하나니(원문) 이는 하나님의 씨가 그의 속에 거함이요
저도 계속 범죄치 못하는(원문) 것은 하나님께로서 났음이라. 이러므
로 하나님의 자녀들과 마귀의 자녀들이 나타나나니 무릇 의를 행치

아니하는 자나 또는 그 형제를 사랑치 아니하는 자는 하나님께로서
나지(원문) 아니하니라"고 말하였다(요일 3:9-10).

〔16-17절〕 **너희 자신을 종으로 드려 누구에게 순종하든지 그 순종함을
받는 자의 종이 되는 줄을 너희가 알지 못하느냐? 혹은 죄의 종으로 사망에
이르고 혹은 순종의 종으로 의에 이르느니라. 하나님께 감사하리로다. 너희
가 본래 죄의 종이더니 너희에게 전하여 준 바 교훈의 본을 마음으로 순종
하여 죄에게서 해방되어 의에게 종이 되었느니라.**

성화(聖化)의 이유는 둘째로 순종의 원리로 설명된다. 사람은 누구
에게 순종하든지 그의 종이 된다. 죄에게 순종하면 죄의 종이 되어
죄 안에 살다가 사망에 이르게 될 것이고, 하나님께 순종하면 하나님
의 종이 되고 의 안에 살다가 영생에 이르게 될 것이다.

바울은 성도가 구원 얻었던 처음 순간을 언급한다. 그것은 우리가
하나님께 감사해야 할 순간이다. 우리는 본래 죄에게 순종하고 죄만
짓고 살았던 죄의 종이었다. 그러나 우리는 하나님의 복음을 들었다.
그것은 예수 그리스도의 십자가와 부활의 소식이었고 그를 믿는 자
에게 죄사함과 의롭다 하심과 영생을 주신다는 내용이었다. 우리는
그 말씀을 마음으로 순종하여 구원을 얻었다. '마음으로'라는 원어(에
크 카르디아스 ἐκ καρδίας)는 '마음으로부터'라는 뜻이다. 구원에 이
르는 믿음은 진심으로 예수 그리스도를 영접하고 그의 복음을 믿고
순종하는 것이다. 믿음은 마음의 순종이다. 우리는 마음으로 순종한
결과 죄에게서 해방되고 의에게 종이 되었고, 또 죄사함과 의롭다 하
심을 얻은 것이다. 예수 그리스도의 구속(救贖)에 근거하여 우리의
모든 죄는 씻음 받고 우리는 단번에 의롭다고 여기심을 받았다. 우리
는 죄에게서 해방되었고 의에게 종이 되었다.

〔19-22절〕 **너희 육신이 연약하므로 내가 사람의 예대로 말하노니** 전에
**너희가 너희 지체를 부정과 불법에 드려 불법에 이른 것같이 이제는 너희
지체를 의에게 종으로 드려 거룩함에 이르라. 너희가 죄의 종이 되었을 때**

에는 의에 대하여 자유하였느니라. 너희가 그때에 무슨 열매를 얻었느뇨? 이제는 너희가 그 일을 부끄러워하나니 이는 그 마지막이 사망임이니라. 그러나 이제는 너희가 죄에게서 해방되고 하나님께 종이 되어 거룩함에 이르는 [너희의] 열매를 얻었으니[맺고 있으니] 이 마지막은 영생이라.

육신이 연약하다는 것은 우리 속에 죄성이 남아 있음을 가리킨다. 성도가 거룩하게 살아야 하는 것은 당연한 의무이지만, 그에게 죄성이 남아 있으므로 거룩함에 이르라는 권면이 필요하다. 성도는 성화(聖化)가 당연한 목표라는 권면과 격려가 필요한 것이다.

성도가 죄의 종이었을 때는 죄만 지었기 때문에 의에 대해 자유하였다고 말할 수 있다. 그러나 그때에 맺은 열매라는 것은 더러운 죄들이었으므로 부끄러운 것들뿐이었고 그 결국은 사망이었다. 진실로, 모든 죄들은 비록 범죄할 당시에는 혹시 즐거워보일지라도 지나고 보면 부끄러운 것들이다. 의는 칭찬받을 만하지만, 죄는 수치와 후회를 남길 뿐이다. 이제 성도는 죄사함과 의롭다 하심을 인해 죄에게서 해방되었다. 죄의 종이 죄에게서 해방되어 자유인이 된 것이다. 그러나 이 자유는 하나님께 종이 되는 자유이다. 그러나 사람이 하나님께 종이 되는 것은 결코 무거운 짐이 아니다(마 11:30).

거룩함의 열매는 구원 얻은 성도에게 당연한 열매이다. 구원은 죄로부터의 구원이다. 중생(重生)과 칭의(稱義)는 반드시 성화(聖化)를 동반한다. 법적인 구원에 실제적 구원이 뒤따르지 않는다면 그것은 구원이 아닐 것이다. 출생한 아기가 성장하는 것은 정상적인 일이듯이, 중생한 성도가 지식이 더하고 거룩해지는 것은 정상적인 일이다. 그러나 이 정상적인 성화는 성도의 순종을 통해 이루어진다. 성도는 하나님께 종이 되어 거룩함의 열매를 맺다가 영생에 이른다. 하나님께 종이 되는 것과 거룩의 열매를 맺는 것은 영생과 한 줄의 과정 위에 있고 그 줄은 끊어질 수 없다. 구원 얻은 성도는 하나님께 순종하며 거룩한 생활을 하는 과정을 통해 영생에 이르는 것이다. 이 정상적 과정이 없다면, 그는 구원 얻지 못한 자일 것이다.

[23절] [이는] 죄의 삯은 사망이요 하나님의 은사(恩賜)[은혜의 선물]는 그리스도 예수 우리 주 안에 있는 영생이니라[영생임이니라].

성도가 영생을 확실히 얻을 것이라는 이유는, 모든 사람에게 적용되는 죄에 대한 대가(代價) 즉 죄의 보응과 형벌이 죽음이지만 택자들에게 주신 하나님의 은혜의 선물이 우리 주 예수 그리스도 안에 있는 영생이기 때문이다. 이 짧은 말씀은 복음 진리의 요약과도 같다.

본장의 교훈을 정리해보자. 본장은 구원 얻은 성도가 거룩해져야 할 이유, 즉 성화(聖化)의 이유를 증거한다. 첫째로, 구원 얻은 성도가 거룩해져야 할 이유는 세례의 원리로 설명된다. 즉 그가 예수 그리스도의 이름으로 세례 받았을 때 그와 연합되었기 때문이다. 예수 그리스도를 믿고 그의 이름으로 세례 받은 성도는 예수 그리스도와 함께 죽었고 그와 함께 살았다. 그것은 죄의 몸인 옛 사람이 죽었고 새 사람이 새 생명 안에서 산 것이다. 그러므로 예수 그리스도를 믿는 우리는 우리의 죄성 때문에 거룩한 생활을 할 수 없다고 생각지 말고 예수 그리스도와 연합된 자로서 죄에 대해 죽었고 하나님을 향해 산 자가 되었음을 인정하고 죄와 결별하고 산 자처럼 의롭고 거룩한 생활을 해야 하는 것이다.

둘째로, 구원 얻은 성도가 거룩해져야 할 이유는 순종의 원리로 설명된다. 즉 그가 죄에게서 해방되어 하나님께 종이 되었기 때문이다. 우리속에는 아직도 우리로 범죄케 할 수 있는 죄성(罪性), 곧 죄악된 성질과 성향이 남아 있다. 그러나 구원은 죄에게서 해방되어 하나님께 종이 되는 것이다. 성화는 하나님의 구원의 목적과 방향이고 성도의 정상적이고 당연한 일이다. 하나님의 뜻은 우리의 거룩함이다. 그러므로 예수님 믿고 구원 얻은 우리는 예수 그리스도의 의 안에서 하나님의 말씀, 즉 구약의 도덕법과 신약의 주 예수 그리스도와 그의 사도들의 교훈들에 순종함으로써 거룩한 생활을 해야 하고 성화(聖化)를 이루어야 한다.

7장: 율법으로부터의 자유

〔1-3절〕 형제들아, 내가 법 아는 자들에게 말하노니 너희는 율법이 사람의 살 동안만 그를 주관하는 줄 알지 못하느냐? 남편 있는 여인이 그 남편 생전에는 법으로 그에게 매인 바 되나 만일 그 남편이 죽으면 남편의 법에서 벗어났느니라. 그러므로 만일 그 남편 생전에 다른 남자에게 가면 음부(淫婦)[음란한 여자]라 이르되 남편이 죽으면 그 법에서 자유케 되나니 다른 남자에게 갈지라도 음부[음란한 여자]가 되지 아니하느니라.

본장에서 사도 바울은 구원 얻은 성도들이 율법으로부터 자유케 되었음을 결혼의 비유를 들어 증거한다. 남편 있는 여인은 그 남편이 살아 있을 동안에는 법으로 그에게 매인 바 되지만, 남편이 죽은 후에는 다른 남자와 결혼할지라도 음란한 여자가 되지 않는다. 왜냐하면 한 쪽이 죽었으므로 그와의 부부 관계가 끝났기 때문이다.

〔4절〕 그러므로 내 형제들아, 너희도 그리스도의 몸으로 말미암아 율법에 대하여 죽임을 당하였으니 이는 다른 이 곧 죽은 자 가운데서 살아나신 이에게 가서 우리로 하나님을 위하여 열매를 맺게 하려 함이니라.

예수 그리스도께서 십자가에 죽으심으로 율법의 저주를 당하시고 율법의 의(義)를 이루셨기 때문에, 예수님 믿는 우리는 그리스도 안에서 율법에 대하여 죽임을 당한 것과 같다. 이와 같이, 그리스도께서 우리를 대신하여 죽으심으로 율법의 요구를 다 만족시키셨기 때문에, 우리는 율법의 저주와 형벌에서 자유함을 얻었다. 우리가 율법에 대하여 죽임을 당한 목적은, 부활하신 주님과 연합하여 그리스도 안에서 하나님을 위해 선한 인격과 생활의 열매를 맺게 하기 위함이다.

〔5절〕 우리가 육신에 있을 때에는 율법으로 말미암는 죄의 정욕이 우리 지체 중에 역사하여 우리로 사망을 위하여 열매를 맺게 하였더니.

'육신에 있을 때'라는 말은 구원 얻기 전의 상태를 가리키고, '율법으로 말미암는 죄의 정욕'이라는 말은 율법으로 말미암아 깨달아지는 죄의 정욕이라는 뜻이라고 본다. 우리가 구원 얻기 전에는 죄성이 우리를 지배하였고 죄의 정욕들이 우리의 생각과 감정과 의지와 몸의 기관들을 다스려 우리로 사망에 이르는 행동을 하게 했다. 간혹 양심의 가책이 있었을지라도 그것은 무시되고 변명으로 무마되었다.

〔6절〕 이제는 우리가 얽매였던 것에 대하여 죽었으므로 율법에서 벗어났으니 이러므로 우리가 영[성령님](NASB, NIV)의 새로운 것으로 섬길 것이요 의문(儀文)[율법 조문]의 묵은 것[옛 것]으로 아니할지니라.

'얽매였던 것'이라는 말은 율법의 규례들을 가리킨다. 그리스도께서 우리를 대신하여 십자가에 죽으심으로 우리는 죄와 사망으로부터 뿐만 아니라, 또한 율법으로부터 자유함을 얻게 되었다. 우리는 율법에 대해 죽임을 당했고 율법으로부터 자유케 되었다. 바울은 6:14에서도 너희가 법 아래 있지 아니하고 은혜 아래 있다고 말했었다. 또 그는 갈라디아서에서 그리스도인의 자유에 대해 강조하면서 믿음이 오기 전에 우리가 율법 아래 매인 바 되었고 계시될 믿음의 때까지 갇혔으나, 믿음이 온 후로는 우리가 율법 아래 있지 않다고 말하였고 (3:23, 25), 또 "그리스도께서 우리로 자유케 하려고 자유를 주셨으니 그러므로 굳세게 서서 다시는 종의 멍에를 메지 말라"고 말했다(5:1). 그는 그 서신에서 율법으로부터의 자유에 대해 분명하게 증거했다.

그러나 율법으로부터의 자유는 죄와 방종에 떨어지게 하는 자유가 아니다. 그 자유는 율법의 공포에서 벗어나 하나님을 위해 살고 의와 거룩을 행하게 하기 위한 자유이다. 의롭고 거룩한 삶, 이것이 구원의 방향이다. 구원은 죄로부터 건져내어 의롭고 거룩하게 살게 하는 것이다. 그렇지 않다면 그것은 구원이라고 할 수 없다. 그래서 앞에 6:15에서도 "그런즉 어찌하리요? 우리가 법 아래 있지 아니하고 은혜 아래 있으니 죄를 지으리요? 그럴 수 없느니라"고 말하였다. 또 그는 갈라디아서 5:13에서도 "형제들아, 너희가 자유를 위하여 부르심을 입었으나 그러나 그 자유로 육체의 기회를 삼지 말고 오직 사랑으로 서로 종노릇하라"고 교훈하였다.

'영의 새로운 것'이라는 말은 성령님의 활동을 가리키며, '의문'(儀文)이라는 말은 율법의 조문을 가리킨다고 본다(고후 3:6도 비슷함). 우리가 율법에 대해 죽었기 때문에 믿음으로 구원 얻은 이제 우리는 옛날처럼 율법 조문을 따라 하나님을 섬기지 않고 성령님의 인도하심과 도우심을 따라 하나님을 섬겨야 한다는 뜻이다. 율법으로부터의 자유는 성도에게 성화를 위한 큰 힘이 된다. 때때로 성도에게 죄와 연약이 있으나 그가 낙심치 않고 더욱 담대히 하나님께 나아가고 의와 거룩의 길로 나아가는 데에 이 자유가 큰 힘이 되는 것이다.

〔7절〕 그런즉 우리가 무슨 말 하리요? 율법이 죄냐? 그럴 수 없느니라. 율법으로 말미암지 않고는 내가 죄를 알지 못하였으니 곧 율법이 탐내지 말라 하지 아니하였더면 내가 탐심을 알지 못하였으리라.

이제까지 말한 내용이 율법을 정죄(定罪)하는 인상을 줄지 모르기 때문에, 바울은 '율법이 죄인가?'라고 묻고 그렇지 않다고 대답한다. 그러면 율법의 역할은 무엇인가? 율법은 죄를 알게 하고 죄를 깨닫게 하는 역할을 한다. 율법이 없었다면 사람은 죄를 죄로 깨닫지 못했을 것이다. 그러므로 율법 자체는 죄가 아니다.

〔8-11절〕 그러나 죄가 기회를 타서 계명으로 말미암아 내 속에서 각양 탐심을 이루었나니 이는 법이 없으면 죄가 죽은 것임이니라. 전에 법을 깨닫지 못할 때에는 내가 살았더니 계명이 이르매 죄는 살아나고 나는 죽었도다. 생명에 이르게 할 그 계명이 내게 대하여 도리어 사망에 이르게 하는 것이 되었도다. 죄가 기회를 타서 계명으로 말미암아 나를 속이고 그것으로 나를 죽였는지라.

율법은 그 자체가 죄가 아니지만, 죄가 율법으로 기회를 타서 우리 속에 각양 탐심을 이루었다. 법이 없으면 죄가 죄로 인식되지 못하기 때문에 죄가 없는 것 같고 죄가 죽은 것 같다. 그러나 율법을 통해 우리의 죄악된 성질과 행위들이 드러난다. 전에 율법이 없을 때는 죄에 대한 지식이 없으므로 나 자신의 존재가 살아 있는 것 같았으나, 율법이 이를 때 죄는 살아나고 나는 죄로 인하여 죽은 자라는 것이 드러났다. 율법은 '행하라, 그리하면 살리라'는 약속을 가지고 있었다. 우리가 율법을 완전히 행할 수 있다면 율법을 통하여 영생에 이를 수 있을 것이나, 우리는 율법을 다 행할 수 없고 율법을 통해 우리 자신이 심히 죄악됨을 깨달을 뿐이다. 영생에 이르게 할 율법이 실제로는 우리를 사망에 이르게 하는 것이 되었다. 죄는 율법으로 기회를 타서 사람으로 하여금 죄를 짓게 하였고 죽게 하였다.

〔12-13절〕 이로 보건대 율법도 거룩하며 계명도 거룩하며 의로우며 선하도다. 그런즉 선한 것이 내게 사망이 되었느뇨? 그럴 수 없느니라. 오직 죄가 죄로 드러나기 위하여 선한 그것으로 말미암아 나를 죽게 만들었으니 이는 계명으로 말미암아 죄로 심히 죄되게 하려 함이니라.

율법 자체는 죄악되지 않다. 율법은 실상 거룩하고 의롭고 선하다. 14절에서 바울은 율법을 신령하다라고까지 말한다. 그는 디모데전서 1:8에서도 "사람이 율법을 법 있게 쓰면 율법은 선한 것인 줄 우리는 아노라"고 말했다. 율법은 바른 정신으로 사용하면 구원 얻은 성도들에게 선하고 유익하다. 그러므로 선한 것이 우리에게 사망이 되었을 수 없다. 단지, 죄가 죄로 드러나기 위하여 그 선한 율법으로 우리를 죽게 한 것이다. 이로써 죄가 심히 죄악됨을 드러낸 것뿐이다.

〔14-15절〕 우리가 율법은 신령한 줄 알거니와 나는 육신에 속하여 죄 아래 팔렸도다. 나의 행하는 것을 내가 알지 못하노니 곧 원하는 이것은 행하지 아니하고 도리어 미워하는 그것을 함이라.

성도는 하나님 앞에서 의롭다 하심을 얻었고 율법으로부터 자유를 얻었음에도 불구하고 그의 내면 속에는 선악간의 싸움이 있다. 바울은 '나는' '나의' '내가'라는 말을 사용함으로써 자신의 내면적 싸움을 표현한다. 그것은 모든 성도들 속에 있는 선악간의 싸움이다. 성도에게는 몸의 연약성 곧 죄성(罪性)이 남아 있다. 이 죄성 때문에 우리는 율법이 요구하는 의를 행치 못한다. 율법은 영적이지만, 나는 영적이지 못하고 육신적이다. 나는 육신에 속해 죄 아래 팔려 있고 때때로 원하는 것을 행치 않고 미워하는 것을 행하고 있다.

〔16-17절〕만일 내가 원치 아니하는 그것을 하면 내가 이로 율법의 선한 것을 시인하노니 이제는 이것을 행하는 자가 내가 아니요 내 속에 거하는 죄니라.

내가 율법 행하기를 원한다는 것 자체가 율법의 선함을 인정하는 것이다. '이제는'이라는 말은 6절이나 8:1에도 쓰였는데, 예수 그리스도를 믿고 의롭다 하심을 얻은 후를 가리킨다. "이제는 이것을 행하는 자가 내가 아니요"라는 말은 구원 얻은 성도에게 있어서 범죄의 주체는 참된 자아가 아님을 증거한다. 구원 얻은 성도의 참된 자아는 '속사람'(22절) 혹은 '새 사람'(엡 4:24)이라고 불리는 것이다. 구원 얻은 성도의 참된 자아는 의와 생명 안에서 살려 하지만, 성도 속에는 죄성이 남아 있어 율법을 거슬러 죄를 짓게 한다. 성도가 죄를 짓는 것은 참된 자아의 행위가 아니고 자신 속에 남아 있는 죄성의 행위이다. 그렇다고 해서, 성도가 범죄의 책임을 회피해서는 안 된다. 우리의 선악간의 모든 행위는 바로 우리 자신의 책임이기 때문이다.

〔18-20절〕내 속 곧 내 육신에 선한 것이 거하지 아니하는 줄을 아노니 원함은 내게 있으나 선을 행하는 것은 없노라. 내가 원하는 바 선은 하지 아니하고 도리어 원치 아니하는 바 악은 행하는도다. 만일 내가 원치 아니하는 그것을 하면 이를 행하는 자가 내가 아니요 내 속에 거하는 죄니라.

'육신'이라는 원어(사르크스 σάρξ)는 '몸'(소마 σῶμα)이라는 말과 동의어로 사용되며, 성도의 남은 죄성은 육신 즉 몸에 있다고 보인다. '원함이 내게 있다'는 말은 구원 얻은 성도의 참된 자아가 의와 선을 원함을 나타낸다. 이것은 새 사람의 소원이요 중생한 영혼의 변화된 성향이다. 구원 얻은 사람만 이러한 소원을 가진다. 구원 얻기 전에는 이런 소원이 없었고 단지 때때로 양심의 가책 정도가 있었을 뿐이다.

그렇지만, 구원 얻은 후에도 원함은 있으나 선을 행하는 능력이 없다. 이것이 성도에게 남아 있는 죄성과 연약성인 것이다. 선을 원하는 것은 참된 자아요, 선을 원치 않고 악을 행하는 것은 내 속에 거하는 죄성이다. 그것이 우리 몸에 남은 옛 사람의 성질인 것이다.

〔21-23절〕그러므로 내가 한 법을 깨달았노니 곧 선을 행하기 원하는 나에게 악이 함께 있는 것이로다. 내 속사람으로는 하나님의 법을 즐거워하되 내 지체 속에서 한 다른 법이 내 마음(누스 $\nu o\hat{u}s$)[생각]의 법과 싸워 내 지체 속에 있는 죄의 법 아래로 나를 사로잡아 오는 것을 보는도다.

성도는 자신 속에 두 가지 모순된 성향이 있음을 깨닫는다. 하나는 참된 자아의 소원으로서 선을 행하려 하는 성향이요, 다른 하나는 우리 몸 속에 남아 있는 죄성으로 악을 행하려는 성향이다. '속사람'은 의롭다 하심을 얻은 참된 자아를 가리킨다. 중생한 참 자아는 '마음'(누스 $\nu o\hat{u}s$) 곧 생각(mind)으로 하나님의 법을 즐거워하고 그 법을 지키려 한다. 그러나 우리 속에는 다른 한 성향이 있어 우리를 죄의 법 아래로 사로잡아 온다. 주 예수님을 믿고 구원 얻은 성도 속에는 이 대립된 두 가지 성향이 있고 항상 내면적 싸움이 있는 것이다.

〔24-25절〕오호라, 나는 곤고한 사람이로다. 이 사망의 몸에서 누가 나를 건져내랴. 우리 주 예수 그리스도로 말미암아 하나님께 감사하리로다. 그런즉 내 자신이 마음(누스 $\nu o\hat{u}s$)[생각]으로는 하나님의 법을, 육신으로는 죄의 법을 섬기노라.

바울의 탄식은 성도들의 탄식과 신음이다. 생각의 성향과 육신의 성향의 싸움으로 성도는 피곤해진다. 성도는 당연히 이 죄와 사망의 몸으로부터의 구원을 갈망하게 된다. 그러나 바울은 또한 하나님께 감사한다. 성도의 거룩한 생활 즉 성화는 이러한 싸움과 탄식 속에서 점진적으로 이루어진다. 그는 죄에 대해 점점 죽고 의에 대해 점점 산다. 하나님의 구원은 효력이 있고 승리적이다. 비록 구원 얻은 성도들이 생각으로 하나님의 법을 섬기고 육신으로 죄의 법을 섬기지만,

로마서 7장: 율법으로부터의 자유

성도들이 탄식과 신음 중에서도 하나님께 감사할 수 있는 것은 우리 주 예수 그리스도로 말미암아 하나님의 은혜로 값없이 얻은 의롭다 하심 때문이다. 성도는 이미 하나님 앞에서 예수 그리스도로 말미암아 의인(義人)으로 인정받았다. 성도는 때때로 죄에 넘어짐에도 불구하고, 법적인 의를 이미 얻었고 최종적 구원과 영생이 보장되어 있다 (롬 8:30; 빌 1:6). 이 최종적 구원이 영육의 완전한 구원이다.

본장의 교훈을 정리해보자. 첫째로, 우리는 그리스도의 십자가 대속으로 말미암아 율법으로부터 자유함을 얻었다. 이것은 우리가 율법의 저주와 형벌로부터 자유함을 얻었다는 뜻이다. 이것은 예수 그리스도께서 십자가에 대속의 죽음을 죽으시므로 우리의 모든 죄책과 형벌을 담당하셨기 때문이다. 갈라디아서 3:13, "그리스도께서 우리를 위하여 저주를 받은 바 되사 율법의 저주에서 우리를 속량하셨으니 기록된 바 나무에 달린 자마다 저주 아래 있는 자라 하였음이라." 그러므로 우리는 율법 조문에 따라 행하지 않고 율법의 공포에서 벗어나 성령님의 인도하심을 따라 기쁨으로 하나님을 섬기며 담대히 의와 거룩을 행한다.

둘째로, 그러나 우리의 육신에는 아직 죄성이 남아 있다. 구원 얻은 성도에게는 이 남은 죄성으로 인한 내면적 싸움이 항상 있다. 바울은 갈라디아서 5:17에서 "육체의 소욕은 성령님을 거스르고 성령님의 소욕은 육체를 거스르나니 이 둘이 서로 대적함으로 너희의 원하는 것을 하지 못하게 하려 함이니라"고 말했다. 우리는 때때로 바울처럼 "오호라, 나는 곤고한 사람이로다. 이 사망의 몸에서 누가 나를 건져내랴"(24절)하고 신음하며 탄식한다. 그러나 성도는 탄식과 신음 속에서 점점 거룩해져간다. 그것이 성화의 과정이다. 그 뿐만 아니라, 성도는 이미 얻은 의롭다 하심과 영생과 하나님의 자녀 됨과 천국 기업의 보장으로 인해 하나님께 감사할 수 있다. 그러므로 우리는 하나님께서 주신 거룩함과 의롭다 하심과 자유 속에서 의와 선과 사랑을 힘써 행해야 한다.

8장: 성령님의 인도하심

로마서 8장은 구원 얻은 성도들의 거룩한 생활이 성령님의 인도하심으로 이루어짐을 증거한다. 우리의 성화는 성령님의 은혜이다.

1-14절, 성령님을 따라 삶

〔1-2절〕 그러므로 이제 그리스도 예수 안에 있는 자 [곧 육신을 좇지 않고 성령님을 좇아 행하는 자들](전통사본)[11]**에게는 결코 정죄함이 없나니 이는 그리스도 예수 안에 있는 생명의 성령[님]의 법이 죄와 사망의 법에서 너를**[나를](전통본문)[12] **해방하였음이라.**

'이제'는 구원 얻은 후를 가리키며, '육신'은 사람의 죄성을 가진 몸을 가리킨다고 본다. 구원 얻은 성도들은 그리스도 예수 안에 거하는 자들이요 육신 즉 몸의 죄성을 따라 행하지 않고 성령님을 따라 행하는 자들이다. 그들은 입으로만 '주여, 주여' 하고 말하는 자가 아니고 진실히 주 예수 그리스도를 믿고 성경말씀에 순종하는 자들이다. 그런 자들에게는 비록 부족과 연약은 있지만 결코 정죄함이 없다.

그 이유는 그들이 복음 안에서 자유함을 얻었기 때문이다. '그리스도 예수 안에 있는 생명의 성령님의 법'은 성령께서 예수 그리스도의 복음을 통하여 주시는 영생을 가리키고, '죄와 사망의 법'은 율법을 가리킬 것이다. 율법은 우리에게 죄를 깨닫게 하고 우리로 사망에 이르게 한다. 그러나 성령께서 예수 그리스도의 대속의 복음으로 우리에게 의를 주시고 죄와 사망의 율법으로부터 자유케 하셨고 영원한 생명을 은혜로 주셨으므로 성도들에게는 정죄함이 없는 것이다.

---

11) Byz은 그러함. A vg syr^p arm^ms 등은 '곧 육신을 좇지 않는 자들'이라는 구절만 첨가되어 있음.

12) Byz A it^d vg cop^sa 클레멘트 오리겐^lat 터툴리안^1/2 등이 그러함.

〔3-4절〕율법이 육신으로 말미암아 연약하여 할 수 없는 그것을 하나님은[께서는] 하시나니 곧 죄를 인하여 자기 아들을 죄 있는 육신의 모양으로 보내어 육신에 죄를 정하사 육신을 좇지 않고 그 영[성령님](KJV, NASB, NIV)을 좇아 행하는 우리에게 율법의 요구(디카이오마 δικαίωμα)[의(KJV), 요구(NASB, NIV)]를 이루어지게 하려 하심이니라.

사람은 본성의 죄성과 연약성 때문에 '어찌 할 수 없는' 죄인이었다. 그래서 하나님께서는 우리의 죄와 연약 때문에 그의 아들 예수 그리스도를 사람으로 이 세상에 보내셨고 그에게 우리의 죄를 담당시키셨던 것이다. 예수 그리스도께서는 우리의 모든 죄를 짊어지시고 우리를 위하여 십자가에 달려 죽으셨다. 이것이 예수 그리스도의 대속 사역이며 하나님의 복음의 중심적 내용이다.

'육신을 좇지 않고 성령님을 좇아 행하는 우리'라는 말은 구원 얻은 자들을 묘사한다. 예수 그리스도를 믿고 구원 얻은 자들은 이제 육신의 죄성을 따라 살지 않고 성령님을 따라 사는 자들이 되었고, 이들에게 율법의 요구가 이루어진다. 율법의 요구는 모든 율법들을 항상 지킴으로 얻는 의, 곧 완전한 의(義)이다. 예수 그리스도께서 십자가에서 우리 대신 형벌을 받으심으로 그 의를 이루셨고, 하나님께서는 예수께서 이루신 그 의를 예수님 믿는 모든 자들에게 은혜로 주셨다.

〔5-8절〕육신을 좇는 자는 육신의 일을, 영[성령님](KJV, NASB, NIV)을 좇는 자는 영[성령님](KJV, NASB, NIV)의 일을 생각하나니 육신의 생각은 사망이요 영[성령님]의 생각은 생명과 평안이니라. 육신의 생각은 하나님과 원수가 되나니 이는 하나님의 법에 굴복치 아니할 뿐 아니라 할 수도 없음이라. 육신에 있는 자들은 하나님을 기쁘시게 할 수 없느니라.

본절의 육신과 영은 단지 사람의 육체와 영을 가리키지 않고 몸의 죄성과 성령님을 가리킨다. 구원 얻은 자에게는 단지 몸과 영의 대립이 있는 것이 아니다. 왜냐하면 중생한 사람의 영이라도 영육이 결합되어 있는 동안에는 몸의 죄성의 영향을 받아 영의 기능들인 생각과 감정과 의지에 있어서 연약과 부족이 없지 않기 때문이다. 구원 얻은 성도의 내면적 싸움은 몸의 죄성과 성령님의 대립이다. 사람은 몸의 죄성을 따라 살면 그 결과는 죽음이지만, 성령님을 따라 몸의 죄악된 욕심을 죽이며 산다면 그 결과는 의와 생명과 평안인 것이다.

그러므로 육신의 생각 즉 몸의 죄성을 따른 생각은 하나님과 원수가 된다. 왜냐하면 그것은 하나님의 법에 굴복치 않을 뿐 아니라 할 수도 없기 때문이다. 육신에 있는 자들은 하나님을 기쁘시게 할 수 없다. 사람은 심히 죄악되며 무능력해졌다. 그러므로 본성 그대로의 사람은 결코 하나님을 기쁘시게 할 수 없다. 우리의 성화는 스스로의 노력만으로 되는 것이 아니고 성령님의 도우심으로 된다.

[9절] 만일 너희 속에 하나님의 영이[께서] 거하시면 너희가 육신에 있지 아니하고 영에[성령님 안에](KJV, NASB) 있나니 누구든지 그리스도의 영이[께서] 없으면[계시지 않으면] 그리스도의 사람이 아니라.

성도의 구원은 하나님의 영의 활동이다. 성령께서는 구원 얻은 자 속에 오셔서 거하신다. 이것은 구약성경에 예언된 복이며 신약 성도에게 주신 특권이다. 이렇게 성령께서 그 속에 거하시는 성도는 더 이상 육신 즉 죄성을 가진 몸에 불과한 자가 아니고 성령님 안에 있는 자이다. 이것은 참으로 놀라운 사실이다. 그러나 그리스도의 영께서 계시지 않는 자는 그리스도의 사람이 아니다. '그리스도의 영'과 성령님은 동일시된다. 성령께서는 하나님의 영이실 뿐 아니라 예수 그리스도의 영이시다. 여기에 삼위일체의 신비가 다시 증거된다. 참 성도는 이미 성령님을 받은 자이며 성령님을 받지 못한 자는 성도가 될 수 없다. 오순절파는 이 점에 대해 잘못된 생각을 가지고 있다.

[10-11절] 또 그리스도께서 너희 안에 계시면 몸은 죄로 인하여 죽은 것이나 영은[성령께서는] 의를 인하여 산 것(조에 ζωή)[생명](원문, KJV)이니라[이시니라]. 예수[님]를 죽은 자 가운데서 살리신 이의 영이[께서] 너희 안에 거하시면 그리스도 예수를 죽은 자 가운데서 살리신 이가[께서] 너희 안

에 거하시는 그의 영으로 말미암아 너희 죽을 몸도 살리시리라.

그리스도께서는 지금 하늘에 계시지만 신성(神性)으로 그의 영 곧 성령님을 통해 우리 속에 계신다. 우리의 몸은 죄로 인해 죽은 것과 같고 또 어느 날 죽게 될 것이지만, 우리 속에 계신 성령께서는 생명이시며 생명을 주시는 자이시다. 성령께서 우리 속에 생명을 시작하시고 유지시키시는 근거는 예수 그리스도께서 이루신 의 때문이다. 그러므로 본문은 "성령께서는 의를 인해 생명이시니라"고 말한다.

하나님께서는 부활의 하나님이시다. 그는 그의 아들 예수 그리스도를 죽은 자들 가운데서 부활시키셨다. 그러므로 성령께서 성도들 속에 계시다면 성도들은 장차 그 영으로 인해 부활할 것이다. 성도의 부활은 확실하다. 예수 그리스도께서 빈 무덤을 남기고 부활하셨듯이, 예수님 믿고 구원 얻은 모든 성도들도 마지막 날 빈 무덤을 남기고 부활할 것이다. 성도들 속에 거하시는 성령께서 그 일을 보증하신다. 성도들은 반드시 영광스러운 몸으로 부활할 것이다.

〔12-14절〕 그러므로 형제들아, 우리가 빚진 자로되 육신에게 져서 육신대로 살 것이 아니니라. 너희가 육신대로 살면 반드시 죽을 것이로되 영[성령님](KJV, NASB, NIV)으로써 몸의 행실을 죽이면 살리니 무릇 하나님의 영으로 인도함을 받는 그들은 곧 하나님의 아들이라.

구원 얻은 우리는 죄성을 가진 몸에 빚이 있어 몸의 욕구대로 살아서는 안될 자들이다. 우리는 은혜의 하나님께 빚을 진 자들이다. 하나님께서는 값없이 주신 은혜와 예수 그리스도의 십자가 공로로 우리의 죄를 씻으셨고 우리를 의롭다고 여기셨고 새 생명을 주셨다. 지옥 갈 죄인을 천국 가게 하신 구원의 은혜는 우리가 그 무엇으로도 갚을 수 없는 큰 빚이다. 우리는 하나님께 큰 빚은 진 자이다.

성도는 죄성을 가진 몸의 욕구대로 살면 반드시 죽을 것이다. 이 말씀은 가상적 경고이다. 이 말씀은 중생한 성도가 죄 가운데 살다가 지옥 갈 수 있다는 것을 말하는 것이 아니다. "행하라, 그리하면 살리라"는 말씀이 사람이 율법을 행할 능력이 있음을 증명하는 것이 아니듯이, 육신대로 살면 반드시 죽는다는 말씀은 하나의 경고이지 구원 얻은 성도들이 구원을 잃을 수 있다는 뜻은 아니다. 하나님의 뜻은 택한 자를 하나도 잃어버리지 않고 다 구원하시는 것이다(요 6:39). 하나님께서 예정하시고 부르신 모든 사람은 영광에 이를 것이다(롬 8:30). 그러나 성도가 계속 죄를 짓는다면 반드시 죽을 것이다.

그러므로 성도는 성령님으로 몸의 죄악된 행위들을 죽여야 한다. 그것이 성화이다. 성령께서는 우리의 성화를 위해 우리 속에 거하신다. 성화는 성령님의 도우심으로 죄성을 극복하는 과정이다. 14절의 '하나님의 영'이라는 말은 13절의 '영'이라는 말이 성령님을 가리킴을 보인다. 성도는 성령님의 인도함을 받는 자이다. 성도의 거룩한 생활은 성령님의 인도하심으로 이루어진다. 그러므로 우리는 성화를 위해 항상 성령님의 인도하심을 사모하며 의지해야 한다.

본문의 교훈을 정리해보자. 첫째로, 예수 그리스도를 믿고 구원 얻은 성도들은 예수 그리스도 안에 거하며 그들 몸에 남아 있는 죄성을 따라 살지 않고 성령님의 인도하심을 따라 사는 자들이다. 성령께서는 예수 그리스도를 믿는 자들 안에 영원히 거하시며 그들을 감동하시고 지도하시고 거룩한 생활을 하게 도우신다. 성화는 성령님의 은혜이다.

둘째로, 이렇게 구원 얻은 성도들은 결코 정죄함이 없다(1절). 참으로 중생하고 예수 그리스도를 믿는 성도들은 몸의 죄성을 따라 살지 않고 성령님의 인도하심을 따라 의와 선을 행하기를 힘쓸 것이며, 비록 그들에게 실수와 부족이 없지 않을지라도, 결코 정죄함이 없을 것이다.

셋째로, 성화는 성도가 성령님의 도우심으로 몸의 죄성을 죽임으로써 조금씩 이루어진다. 성화는 단지 사람의 노력으로 되는 것이 아니고 성령님의 은혜이다. 갈라디아서 5:16, "너희는 성령님을 좇아 행하라. 그리하면 육체의 욕심을 이루지 아니하리라." 물론 우리도 힘써야 한다.

15-39절, 양자(養子) 됨과 영화(榮化)

〔15-17절〕 **너희는 다시 무서워하는 종의 영을 받지 아니하였고 양자(養子)의 영을 받았으므로 아바**(아람어 אבא)**[아버지] 아버지라 부르짖느니라. 성령이[께서] 친히 우리 영으로 더불어 우리가 하나님의 자녀인 것을 증거하시나니 자녀이면 또한 후사 곧 하나님의 후사요 그리스도와 함께한 후사니 우리가 그와 함께 영광을 받기 위하여 고난도 함께 받아야 될 것이니라.**

우리를 인도하시는 성령께서는 '양자(養子)의 영' 곧 우리를 양자로 삼으시는 영이시다. 예수께서는 하나님의 친자(親子)이시고 예수님 믿는 우리는 하나님의 양자(養子)들이다. 성령께서는 예수 그리스도의 대속 사역에 근거해 우리를 양자로 삼으셨고 우리 속에 하나님을 '아바[아버지] 아버지'라고 부를 마음을 일으키셨다. 우리의 영의 이런 진심의 고백은 우리가 하나님의 자녀된 증거이다.

또 자녀들이 부모의 기업을 상속받듯이, 하나님의 자녀들은 하나님의 기업 곧 천국을 상속받는다. 예수 그리스도께서는 천국의 상속자로 묘사되셨고 우리도 그와 함께 천국을 상속받을 자로 묘사되었다. 천국은 성도들을 위해 예비되었다. 마태복음 25:34, "그때에 임금이 그 오른편에 있는 자들에게 이르시되 내 아버지께 복 받을 자들이여, 나아와 창세로부터 너희를 위하여 예비된 나라를 상속하라."

그러나 예수 그리스도께서 고난을 통해 영광에 들어가셨듯이, 우리도 고난을 회피하지 말아야 한다. 예수께서 많은 고난을 받으셨듯이 우리도 세상에서 많은 고난을 받을 것이며, 그가 고난 받으신 후에 영광을 받으셨듯이 우리도 고난 받은 후에 영광을 받을 것이다. 성도들의 현재의 고난은 장차 받을 영광에 이르는 과정이다.

〔18-21절〕 **생각건대 현재의 고난은 장차 우리에게 나타날 영광과 족히 비교할 수 없도다. 피조물의 고대하는 바는 하나님의 아들들의 나타나는 것이니 피조물이 허무한 데 굴복하는 것은 자기 뜻이 아니요 오직 굴복케 하시는 이로 말미암음이라. 그 바라는 것은 피조물도 썩어짐의 종노릇한 데서**

해방되어 하나님의 자녀들의 영광의 자유에 이르는 것이니라.

장차 성도들에게 나타날 영광은 부활과 천국과 영생의 영광이다. 고린도전서 15:42-43, "죽은 자들의 부활도 이와 같으니 썩을 것으로 심고 썩지 아니할 것으로 다시 살며 욕된 것으로 심고 영광스러운 것으로 다시 살며." 빌립보서 3:20-21, "오직 우리의 시민권은 하늘에 있는지라. 거기로서 구원하는 자 곧 주 예수 그리스도를 기다리노니 그가 만물을 자기에게 복종케 하실 수 있는 자의 역사로 우리의 낮은 몸을 자기 영광의 몸의 형체와 같이 변케 하시리라." 요한계시록 21: 10-11, "성령님으로 나를 데리고 크고 높은 산으로 올라가 하나님께로부터 하늘에서 내려오는 거룩한 성 예루살렘을 보이니 하나님의 영광이 있으매 그 성의 빛이 지극히 귀한 보석 같고 벽옥과 수정같이 맑더라." 성도들이 장차 누릴 부활과 천국과 영생의 영광은 그들이 현재 당하는 고난과 비교할 수 없이 크고 아름답고 영원할 것이다.

피조 세계는 하나님의 아들들이 나타나는 날이 오기를 고대한다. '피조물들'은 동식물의 세계를 가리키며, '하나님의 아들들'은 영광스런 부활체를 입은 성도들, 곧 영화(榮化)된 성도들을 가리킬 것이다. 지금은 동물들도 식물들도 그 영광의 날을 기다리며 허무한 데 굴복하고 썩어짐에 종노릇하고 있지만, 그 날이 오면 모든 피조물도 하나님의 자녀들처럼 영광의 자유를 누리게 될 것이다. 그 날에는 피조물들에게도 죽음이나 질병이나 썩는 것이 없을 것이라고 생각된다.

〔22-25절〕피조물이 다 이제까지 함께 탄식하며 함께 고통하는 것을 우리가 아나니 이뿐 아니라 또한 우리 곧 성령[님]의 처음 익은 열매를 받은 우리까지도 속으로 탄식하여 양자(養子) 될 것 곧 우리 몸의 구속(救贖)을 기다리느니라. 우리가 소망으로 구원을 얻었으매 보이는 소망이 소망이 아니니 보는 것을 누가 바라리요? 만일 우리가 보지 못하는 것을 바라면 참음으로 기다릴지니라.

'성령님의 처음 익은 열매를 받은 우리'는 성령님의 활동으로 거듭

난 자들을 가리킨다. 모든 피조물과 거듭난 성도들은 함께 탄식하며 성도들의 몸의 구속(救贖) 즉 영광스런 부활의 몸을 기다리며 사모한다. 우리는 다 죄와 죽음과 불행이 영원히 사라질 그 날을 사모한다. 중생(重生)과 칭의(稱義)로 시작된 구원은 성화(聖化)로 진행되며 마침내 영화(榮化)로 완성될 것이다. 창세 전에 하나님께서 택하신 자들은 다 거듭하고 의롭다 하심을 얻고 거룩해지고 영광에 이른다.

우리의 법적인 구원 곧 칭의(稱義)와 양자(養子)는 영화(榮化)의 단계에서야 죄로부터의 완전한 구원, 즉 실제로 죄와 죄성이 전혀 없는 구원이 될 것이다. 지금은 죄와의 싸움, 죄성과의 싸움이 있지만, 그때에는 그런 싸움이 더 이상 없을 것이다. 그 영화의 단계는 아직 미래에 있다. 우리는 그것을 소망한다. 성도는 법적으로 이미 구원을 얻었으나 장차 완전한 구원을 누릴 것이다. 그러므로 우리는 그 영광의 구원을 참음으로 기다려야 한다. 하나님의 구원은 결코 실패하지 않는 완전한 구원이며 그 영광은 확실하기 때문에, 우리는 고난 중에도 낙심치 말고 그 영화의 단계를 참고 기다려야 한다.

[26-27절] 이와 같이 성령[께서]도 우리 연약함을 도우시나니 우리가 마땅히 빌 바를 알지 못하나 오직 성령이[께서] 말할 수 없는 탄식으로 우리를 위하여 친히 간구하시느니라. 마음을 감찰하시는 이가[께서] 성령[님]의 생각을 아시나니 이는 성령이[께서] 하나님의 뜻대로 성도를 위하여 간구하심이니라.

성령께서는 성도의 연약함을 도우신다. 우리가 어려운 일을 당할 때 하나님께 무엇을, 어떻게 기도할지 알지 못하지만, 이때 성령께서는 우리 안에서 탄식하시며 우리를 위하여 친히 간구하신다. 이것은 성령님의 도우심이며 그 도우심으로 우리는 실패하지 않고, 우리의 영적 생활은 쇠잔해지지 않는다. 성령께서는 하나님의 뜻대로 우리를 위해 간구하시며, 마음을 감찰하시는 하나님께서는 성령님의 생각을 아시며, 하나님의 뜻대로 하는 그 기도를 잘 들으실 것이다.

[28절] 우리가 알거니와 하나님을 사랑하는 자 곧 그 뜻대로 부르심을

입은 자들에게는 모든 것이 합력하여 선을 이루느니라.

'우리가 알거니와'라는 말은 이 진리가 확실함을 가리킨다. 하나님께서 회개시키시고 믿게 하시고 하나님을 사랑하게 된 성도들에게는 모든 것이 합력하여 선을 이룬다. '모든 것'은 성도들에게 일어나는 모든 일들을 가리킨다. 그것들 안에는 낙심할 만한 일도 있고 실패한 일도 있고, 심지어 실수하고 범죄한 일도 있을 것이나, 그것들조차도 선을 이루는 데 사용된다. '선'은 일차적으로 성화(聖化)를 가리킨다. 성도의 일생은 영적 훈련과 성장의 과정, 즉 성화의 과정이다.

〔29절〕 하나님이[께서] 미리 아신 자들로 또한 그 아들의 형상을 본받게 하기 위하여 미리 정하셨으니 이는 그로 많은 형제 중에서 맏아들이 되게 하려 하심이니라.

'미리 아신 자들'이라는 말은 구별하여 사랑하신 자들이라는 뜻이다. 이 말씀은, 하나님께서 우리의 회개와 믿음을 미리 아셨기 때문에 우리를 택하셨다는 뜻이라고 해석해서는 안 된다. 선택은 하나님께서 시작하신 주권적 행위이다. 그렇지 않다면 그것은 선택이 아닐 것이다. 주께서는 아버지께서 아들에게 주신 자들 곧 선택된 자들만 그에게 나아와 그를 믿을 수 있다고 말씀하셨다(요 6:37, 44, 65).

하나님께서는 미리 아신 자들을 예정하셨다. 그의 예정의 목표는 우리로 하여금 하나님의 아들의 형상을 본받게 하는 것이다. 이것이 바로 구원의 목표이다. 사람은 본래 하나님의 형상으로 창조되었으나 범죄함으로 그것을 상실하였고 이제 구원으로 그것을 회복하는 것이다. 하나님의 아들의 형상은 죄 없는 거룩한 형상이다. 또 본문은 예수께서 많은 형제들 중에 맏아들이 되셨다고 말한다. 그렇다면 우리는 감히 예수님의 동생들이라고 표현될 수 있을 것이다.

〔30절〕 또 미리 정하신 그들을 또한 부르시고 부르신 그들을 또한 의롭다 하시고 의롭다 하신 그들을 또한 영화롭게 하셨느니라(과거시제).

사람은 하나님의 부르심을 받아 회개하고 예수 그리스도를 믿을

때 의롭다 하심을 얻게 된다. 하나님께 의롭다 하심을 얻은 자들은
장차 영화롭게 될 것이다. 하나님께서 성도들을 영화롭게 하실 것이
확실하기 때문에 '영화롭게 하셨다'는 과거시제가 사용되었다. 이것
은 확실한 미래의 사건을 나타내는 표현법이다. 성도들을 영화롭게
하시는 것은 하나님께서 미리 작정하신 바이며 지금 섭리하시는 바
이다. 영광은 하나님의 구원의 목표이다. 이 일을 위해 예수 그리스도
께서 죽으셨고 이제 그를 믿는 자들이 의롭다 하심을 얻었고, 또 이
구원의 완성을 위해 성령께서 그들 안에 오셔서 도우시는 것이다.

**〔31-32절〕 그런즉 이 일에 대하여 우리가 무슨 말 하리요? 만일 하나님
이[께서] 우리를 위하시면 누가 우리를 대적하리요? 자기 아들을 아끼지 아
니하시고 우리 모든 사람을 위하여 내어주신 이가[께서] 어찌 그 아들과 함
께 모든 것을 우리에게 은사로 주지 아니하시겠느뇨?**

'이 일'은 구원의 일, 특히 영화를 가리킨다. 세상에서도 최고 권력
자가 어떤 이를 위하면 그를 대적할 자가 없을 것이다. 우주의 최고
권력자이시며 전능하신 하나님께서 위하시는 자를 대적할 자가 누구
이겠는가? 사람의 최대의 대적자는 사탄인데 심지어 사탄도 욥기 1
장에 증거한 대로 하나님의 허락하신 범위 안에서만 활동할 수 있다.
사탄도 하나님께서 구원하신 성도들을 대적할 수 없는 것이다.

하나님께서 우리를 위하신 증거는 그의 아들을 우리를 위해 죽게
하신 일이었다. 그것은 하나님의 사랑의 확증이었다(요 3:16; 롬 5:8).
그러므로 이 세상에서 가장 큰 선물인 아들을 주신 하나님께서, 우리
에게 필요하다면, 그 외의 것을 무엇이든지 주시지 않겠는가?

**〔33-34절〕 누가 능히 하나님의 택하신 자들을 송사하리요? 의롭다 하
신[의롭다 하시는](원문) 이는[께서는] 하나님이시니[하나님이시도다.] 누가
정죄하리요? 죽으실 뿐 아니라 다시 살아나신 이[께서는] 그리스도 예수
시니 그는 하나님 우편에 계신 자요 우리를 위하여 간구하시는 자시니라.**

본문은 칭의가 과거의 사건이지만, 그 효력이 지금도 있음을 증거

한다. 의롭다 하심을 얻는 성도들을 송사하거나 정죄할 자는 아무도 없다. 왜냐하면 예수 그리스도께서 그들의 죄 때문에 죽으셨고 다시 살아나심으로 속죄를 확증하셨고 승천하셔서 지금 하나님 오른편에서 그들을 위해 간구하시기 때문이다. 그의 간구하심은 그가 십자가 위에서 이루신 완전한 속죄와 의(義)를 계속 적용하시는 행위이다.

〔35-37절〕누가 우리를 그리스도의 사랑에서 끊으리요? 환난이나 곤고나 핍박이나 기근이나 적신(赤身)[헐벗음]이나 위험이나 칼이랴. 기록된 바 우리가 종일 주를 위하여 죽임을 당케 되며 도살할 양같이 여김을 받았나이다 함과 같으니라. 그러나 이 모든 일에 우리를 사랑하시는 이로 말미암아 우리가 넉넉히 이기느니라.

성도들의 구원에서 나타난 하나님의 사랑과 예수 그리스도의 사랑은 너무 크고 확실하기 때문에 아무도 그 사랑의 줄을 끊을 수 없다. 그러므로 그 사랑에 근거한 성도들의 구원은 영원한 보장을 가진다. 성도들의 생활은 고난의 생활이지만, 성도들은 어떤 고난의 현실에서도 두려워하거나 낙심하지 않을 수 있다. 왜냐하면 환난이나 곤고나 괴롭힘이나 기근이나 헐벗음이나 위험이나 칼이나 그 어떤 것도 우리를 그리스도의 사랑에서 끊을 수 없기 때문이다. 비록 우리의 현실이 어렵고 힘들지라도, 우리는 우리를 사랑하시는 하나님과 우리 주 예수 그리스도로 말미암아 승리할 수 있다. 성도들의 구원과 승리는 완전하고 확실하다. 성도들은 하나님과 우리 주 예수 그리스도로 말미암아 넉넉히 이긴다. 하나님의 구원은 실패치 않고 끝까지 보존되고 성도들은 성화(聖化)를 이루고 마침내 영광에 이를 것이다.

〔38-39절〕내가 확신하노니 사망이나 생명이나 천사들이나 권세자들이나 현재 일이나 장래 일이나 능력이나 높음이나 깊음이나 다른 아무 피조물이라도 우리를 우리 주 그리스도 예수 안에 있는 하나님의 사랑에서 끊을 수 없으리라.

여기에 성도들의 넉넉한 승리를 단언한 이유가 있다. 그들은 영광의 구원에 이를 것이다. 왜냐하면 아무것도 우리를 하나님과 그리스도의 사랑에서 끊을 수 없기 때문이다. 그것은 이미 하나님의 선택과 예수 그리스도의 속죄와 성령님의 인치심에서 확증된 것이다. 하나님의 사랑은 이미 성도들에게 부어졌고 그 사랑에서 끊을 자는 아무도 없다. 그러므로 성도들의 구원 완성인 영화는 확실하다. 그러므로 성도들은 어떤 고난의 현실에서도 낙심치 않고 담대히 행할 수 있다.

본문의 교훈을 정리해보자. 첫째로, 주 예수님 믿고 의롭다 하심을 얻은 성도들은 하나님의 양자(養子)가 되었다. 15-16절, "너희는 다시 무서워하는 종의 영을 받지 아니하였고 양자(養子)의 영을 받았으므로 아바 아버지라 부르짖느니라. 성령께서 친히 우리 영으로 더불어 우리가 하나님의 자녀인 것을 증거하시나니." 요한복음 1:12, "영접한 자 곧 그 이름을 믿는 자들에게는 하나님의 자녀가 되는 권세를 주셨으니."

둘째로, 성도들이 얻은 구원은 장차 영광에 이르는 구원이다. 그것은 예수 그리스도와 함께 천국을 기업으로 받는 구원이다. 예수께서 고난을 통해 영광을 얻으셨듯이, 예수님 믿는 성도들은 비록 이 세상 사는 동안 많은 고난을 겪어야 하지만 장차 영광의 부활의 몸을 얻고 영광의 천국에서 복된 영생을 누릴 것이다. 그것은 모든 피조물들도 고대하는 바이다. 그 영광은 현재 우리가 당하는 고난과는 비교할 수 없는 영광이다. 그러므로 성도들은 소망 중에 그 영광을 참고 기다려야 한다.

셋째로, 하나님께서 성도들에게 주실 구원의 완성 곧 영화(榮化)는 확실하다. 우리 안에 오신 성령께서는 우리의 연약함을 도우신다. 하나님을 사랑하는 자 곧 그의 뜻대로 부르심을 받은 자들은 모든 일들이 합력하여 선을 이루며 성화를 이룬다. 우리를 하나님의 사랑에서 끊을 자는 아무도 없다. 예수님 믿고 의롭다 하심을 얻은 자들에게는 영화(榮化)가 확실히 보장된다. 성도들은 넉넉히 이긴다. 그러므로 우리는 이 소망과 확신을 가지고 성령님을 따라 거룩한 생활을 힘써야 한다.

9장: 은혜로 택하심

로마서 9장부터 11장까지에서 사도 바울은 이스라엘 백성의 구원 문제를 다루면서 하나님의 예정에 대해 증거했다. 9장은 우리의 구원이 하나님의 주권적 긍휼과 은혜의 선택에 근거하였음을 증거했다.

〔1-3절〕 내가 그리스도 안에서 참말을 하고 거짓말을 아니하노라. 내게 큰 근심이 있는 것과 마음에 그치지 않는 고통이 있는 것을 내 양심이 성령[님] 안에서 나로 더불어 증거하노니 나의 형제 곧 골육의 친척을 위하여 내 자신이 저주를 받아 그리스도에게서 끊어질지라도 원하는 바로라.

사도 바울은 동족 이스라엘의 구원을 간절히 소원하였다. 사람이 한 부모에게서 난 형제자매들에 대해 남다른 애정을 가지고 친척들이나 같은 민족에 대해 더 친근함을 가지는 것은 당연한 일이며 특히 먼저 구원 얻은 자들이 구원 얻지 못한 가족들과 친척들과 동족들의 구원에 대해 간절한 소원을 가지는 것은 매우 당연한 일이다.

〔4-5절〕 저희는 이스라엘 사람이라. 저희에게는 양자(養子) 됨과 영광과 언약들과 율법을 세우신 것과 예배와 약속들이 있고 조상들도 저희 것이요 육신으로 하면 그리스도가[께서] 저희에게서 나셨으니 저는 만물 위에 계셔 세세에 찬양을 받으실 하나님이시니라(KJV, NASB, NIV). 아멘.

이스라엘은 하나님의 선택을 받고 온갖 특권을 누린 특별한 민족이었다. 그들은 다른 민족들과 달리 하나님의 자녀로 불리었고 그들에게는 하나님께서 함께하시는 영광의 표들과 언약들과 율법과, 성막과 성전 예배 즉 제사 제도와, 약속들이 있었다. 예수 그리스도께서는 만물 위에 계셔 세세에 찬양을 받으실 하나님이시지만 육신적으로는 그들에게서 나셨다. 이스라엘은 이처럼 하나님의 많은 은혜를 입었던 민족이었지만, 그러나 하나님을 대적하고 그의 보내신 메시아를 죽였고 또 예수님 믿는 자들을 미워하고 핍박하고 죽이고 있었다.

〔6-9절〕 또한[그러나](NASB) 하나님의 말씀이 폐하여진 것 같지 않도다.

이스라엘에게서 난 그들이 다 이스라엘이 아니요 또한 아브라함의 씨가 다 그 자녀가 아니라 오직 이삭으로부터 난 자라야 네 씨라 칭하리라 하셨으니 곧 육신의 자녀 하나님의 자녀가 아니라 오직 약속의 자녀가 씨로 여기심을 받느니라. 약속의 말씀은 이것이라. 명년 이때에 내가 이르리니 사라에게 아들이 있으리라 하시니라.

하나님의 선택의 진리는 아브라함의 자손이 다 그의 자손이 아니고 하나님의 약속으로 선택된 이삭으로부터 난 자라야 그의 자손으로 여기심을 받았다는 사실에서 드러난다. 아브라함의 여종 하갈에게서 난 이스마엘과 그 자손들이나, 아브라함의 아내 사라가 죽은 후 아브라함의 후처 그두라에게서 난 여섯 명의 아들들과 그 자손들은 (창 25:1-6) 아브라함의 언약의 복을 받은 자손으로 간주되지 않았고 오직 아브라함의 아들 이삭의 자손들만 언약의 자손들로 간주되었다.

〔10-13절〕 **이뿐 아니라 또한 리브가가 우리 조상 이삭 한 사람으로 말미암아 잉태하였는데 그 자식들이 아직 나지도 아니하고 무슨 선이나 악을 행하지 아니한 때에 택하심을 따라 되는 하나님의 뜻이 행위로 말미암지 않고 오직 부르시는 이에게로 말미암아 서게 하려 하사 리브가에게 이르시되 큰 자가 어린 자를 섬기리라 하셨나니 기록된 바 내가 야곱은 사랑하고 에서는 미워하였다 하심과 같으니라.**

하나님의 선택의 진리는 또한 이삭의 아내 리브가가 쌍둥이 아들, 에서와 야곱을 낳았을 때 더 분명하게 드러났다. 그들이 아직 나지도 않았고 선과 악을 행하지도 않았을 때 하나님께서는 야곱을 사랑하고 에서를 미워했다고 말씀하셨다. 이것은 하나님의 백성 됨이 육신의 혈통이나 그들의 선한 행위에 근거하지 않고 오직 하나님의 긍휼과 은혜의 선택으로 되는 것을 증거했다. 사람의 행위의 의는 더러운 누더기 옷과 같다(사 64:6). 구원은 사람의 선행으로 말미암지 않고 오직 하나님의 주권적 은혜의 선택으로 말미암는다(딤후 1:9).

〔14-16절〕 **그런즉 우리가 무슨 말 하리요? 하나님께 불의가 있느뇨? 그럴 수 없느니라. 모세에게 이르시되 내가 긍휼히 여길 자를 긍휼히 여기**

고 불쌍히 여길 자를 불쌍히 여기리라(출 33:19) 하셨으니 그런즉 원하는 자로 말미암음도 아니요 달음박질하는 자로 말미암음도 아니요 오직 긍휼히 여기시는 하나님으로 말미암음이니라.

하나님께서 주권자이시므로 구원하실 자를 임의로 선택하신다는 사실은 결코 부당하거나 불의한 일이 아니다. 하나님의 주권적 선택은 그가 모세에게 하신 말씀에서도 확증된다. 구원은 사람의 소원이나 노력으로가 아니고 오직 긍휼히 여기시는 하나님으로 말미암는다.

〔17-18절〕 성경이 바로에게 이르시되 내가 이 일을 위하여 너를 세웠으니 곧 너로 말미암아 내 능력을 보이고 내 이름이 온 땅에 전파되게 하려 함이로라(출 9:16) 하셨으니 그런즉 하나님께서 하고자 하시는 자를 긍휼히 여기시고 하고자 하시는 자를 강퍅케 하시느니라.

하나님께서는 사람의 마음을 부드럽게도 하시고 강퍅케도 하신다. 구원은 사람의 손에 있지 않고 하나님의 손에 있다. 구원의 능력이 하나님께 있다. 구원은 사람들 속에서 나오지 않고 오직 하나님께로부터 나온다. 하나님께서는 구원하고자 하시는 자들을 구원하신다.

〔19-24절〕 혹 네가 내게 말하기를 그러면 하나님이[께서] 어찌하여 허물하시느뇨? 누가 그 뜻을 대적하느뇨 하리니 이 사람아, 네가 뉘기에 감히 하나님을 힐문[말대답]하느뇨? 지음을 받은 물건이 지은 자에게 어찌 나를 이같이 만들었느냐 말하겠느뇨? 토기장이가 진흙 한 덩이로 하나는 귀히 쓸 그릇을, 하나는 천히 쓸 그릇을 만드는 권이 없느냐? 만일 하나님이[께서] 그 진노를 보이시고 그 능력을 알게 하고자 하사 멸하기로 준비된 진노의 그릇을 오래 참으심으로 관용하시고 또한 영광 받기로 예비하신 바 긍휼의 그릇에 대하여 그 영광의 부요함을 알게 하고자 하셨을지라도 무슨 말 하리요? 이 그릇은 우리니 곧 유대인 중에서 뿐 아니라 이방인 중에서도 부르신 자니라.

토기장이가 진흙 덩어리로 귀한 그릇이나 천한 그릇을 만들 권한이 있듯이, 하나님께서는 사람들의 구원에 대해 결정할 권한이 있으시다. 실상, 악인의 멸망은 그 자신의 죄와 직접 관계가 있다. 하나님께서는 의인들을 멸망시키시는 것이 아니다. 악인들은 스스로 악을 행했고, 하나님께서는 그러한 악인들을 오래 참으시고 관용하셨다. 또 구원 얻는 우리는 하나님의 긍휼로 얻은 것뿐이다. 사람의 죄악된 본성으로 말한다면, 우리나 저들이나 다를 바가 없다. 그러나 하나님께서는 그의 긍휼로 우리에게 회개와 믿음, 죄사함과 의를 주셨다.

〔25-29절〕 호세아 글에도 이르기를 내가 내 백성 아닌 자를 내 백성이라, 사랑치 아니한 자를 사랑한 자라 부르리라(호 2:23). 너희는 내 백성이 아니라 한 그 곳에서 저희가 살아계신 하나님의 아들이라 부름을 얻으리라(호 1:10) 함과 같으니라. 또 이사야가 이스라엘에 관하여 외치되 이스라엘 뭇자손의 수가 비록 바다의 모래 같을지라도 남은 자만 구원을 얻으리니(사 10:22) 주께서 땅 위에서 그 말씀을 이루사 필하시고 끝내시리라(이는 그가 그 일을 이루시고 의로 그것을 속히 이루실 것임이라. 이는 주께서 땅 위에서 속히 이루실 것임이니라)(전통본문)13) 하셨느니라. 또한 이사야가 미리 말한 바 만일 만군의 주께서 우리에게 씨를 남겨 두시지 아니하셨더면 우리가 소돔과 같이 되고 고모라와 같았으리로다(사 1:9) 함과 같으니라.

하나님께서는 이방인들과 이스라엘 백성 중에서 오직 택하신 자들을 구원하실 것이다. 이스라엘 백성에게 하나님의 긍휼로 남은 자들이 있었듯이, 오늘날에도 하나님의 긍휼로 만세 전 그리스도 안에서 택함 받은 남은 자들이 있으며 오직 그들만 구원을 얻을 것이다.

〔30-33절〕 그런즉 우리가 무슨 말 하리요? 의를 좇지 아니한 이방인들이 의를 얻었으니 곧 믿음에서 난 의요 의의 법을 좇아간 이스라엘은 [의의](전통본문)14) 법에 이르지 못하였으니 어찌 그러하뇨? 이는 저희가 믿음에 의지하지 않고 [율법의](전통본문)15) 행위에 의지함이라. 부딪힐 돌에 부딪혔느니라. 기록된 바 보라, 내가 부딪히는 돌과 거치는 반석을 시온에 두노니 저를 믿는 자는 부끄러움을 당치 아니하리라 함과 같으니라.

---

13) Byz it^d vg arm 오리겐^{lat} 등이 그러함.
14) Byz lat syr 등에 있음.
15) Byz it^d vg^{ms} syr^p arm 등에 있음.

이스라엘 백성의 실패의 원인은 그들이 예수 그리스도를 믿음으로 써가 아니고 율법의 행위로써 하나님의 의를 이루려 했기 때문이었다. 사람은 행위로써 하나님 앞에 설 수 없다. 행위로는 모든 사람이 다 죄인이며 멸망할 자들이다. 사람은 오직 주 예수 그리스도의 대속을 믿음으로써만 죄사함과 의롭다 하심을 얻을 수 있다. 하나님께서는 예수 그리스도를 시온에 부딪히는 돌과 거치는 반석으로 두셨다. 이사야의 예언대로, 율법 행위를 의지하는 자는 그 돌에 걸려 넘어질 것이나, 그를 믿고 의지하는 자는 부끄러움을 당하지 않을 것이다.

본장의 교훈을 정리해보자. 첫째로, 사도 바울은 비록 그가 저주를 받아 그리스도에게서 끊어질지라도 그의 형제와 골육 친척의 구원을 원하였다. 3절, "나의 형제 곧 골육의 친척을 위하여 내 자신이 저주를 받아 그리스도에게서 끊어질지라도 원하는 바로라." 우리는 주 예수님 믿지 않고 지옥 갈 우리 가족들과 친척들과 동족의 구원을 위해, 그들을 구주 예수 그리스도께로 인도하기 위해 간절한 소원을 가져야 한다. 둘째로, 사람의 구원은 원하는 자로 말미암지 않고 달음박질하는 자로 말미암지도 않고 오직 긍휼히 여기시는 하나님으로 말미암는다(16절). 하나님께서는 하고자 하시는 자를 긍휼히 여기시고 하고자 하시는 자를 강퍅케 하신다(18절). 죄인들의 구원은 전적으로 하나님의 은혜이며 하나님의 주권적 긍휼의 선택으로 말미암는다. 만세 전에 하나님께서 은혜로 택하신 자들은 다 예수 그리스도를 믿고 구원 얻을 것이다. 셋째로, 이스라엘 백성은 주 예수 그리스도를 믿음으로 의롭다 하심 얻음을 거절하고 율법을 행함으로 의롭다 하심을 얻으려 했다가 실패하였다. 30-32절, "의를 좇지 아니한 이방인들이 의를 얻었으니 곧 믿음에서 난 의요 의의 법을 좇아간 이스라엘은 의의 법에 이르지 못하였으니 어찌 그러하뇨? 이는 저희가 믿음에 의지하지 않고 율법의 행위에 의지함이라." 죄인들은 오직 예수 그리스도를 믿음으로 구원을 얻는다.

10장: 신앙고백

〔1절〕형제들아, 내 마음에 원하는 바와 하나님께 구하는 바는 이스라엘 **을 위함이니 곧 저희로 구원을 얻게 함이라.**

사도 바울은 이스라엘 백성의 구원을 마음으로 소원하였다. 그들은 당시에 예수 그리스도를 믿지 않고 하나님의 복음을 거절하고 있었다. 바울은 그들의 구원을 마음에 소원하며 하나님께 간구하였다.

〔2-3절〕내가 증거하노니 저희가 하나님께 열심이 있으나 지식을 좇은 것이 아니라. 하나님의 의를 모르고 자기 의를 세우려고 힘써 하나님의 의를 복종치 아니하였느니라.

이스라엘 백성은 종교적 열심을 가지고 있었으나 하나님의 의에 대한 바른 지식이 없었다. 그들은 자신의 의(義)가 참으로 보잘것없음을 알지 못하고 단지 종교적 행위의 열심으로 의(義)를 이룰 줄로 생각했다. 그러나 그들의 지식 없는 열심은 종교적 형식주의나 위선에 떨어지기 쉬울 뿐 참된 의를 이루지 못하였다.

두 종류의 의(義)가 있다. 하나는 하나님께서 은혜로 주시는 의요 다른 하나는 사람이 자기의 행위로 이루는 의이다. 이스라엘 백성의 실패의 이유는 하나님의 의를 모르고 자기의 의를 세우려 했기 때문이었다. 사람의 행위의 의는 심히 불완전하다. 이사야 64:6, "대저 우리는 다 부정(不淨)한 자 같아서 우리의 의는 다 더러운 옷 같으며." 오늘날도 사람들은 하나님께서 주시는 의를 모르고 자기의 행위의 의를 내세우려 하고 그것을 의지하려 할 때 실패할 수밖에 없다.

〔4절〕그리스도는[께서는] 모든 믿는 자에게 의를 이루기 위하여 율법의 마침이 되시니라.

예수 그리스도께서는 우리를 위해 의를 이루셨다. 그는 십자가에 죽으실 때 '다 이루셨다'(요 19:30)고 말씀하셨는데, 그것은 그의 대속

사역을 가리키며 그 내용은 율법의 요구를 이룬 완전한 의이었다. 주 예수께서는 모든 믿는 자들에게 의를 이루기 위해 율법의 마침이 되셨다. 고린도전서 1:30, "예수께서는 하나님께로서 나오셔서 우리에게 지혜와 의로움과 거룩함과 구속(救贖)함이 되셨으니." 의가 없었던 죄인들은 예수 그리스도를 믿음으로 의롭다 하심을 얻게 되었다.

〔5-8절〕 모세가 기록하되 율법으로 말미암는 의를 행하는 사람은 그 의로 살리라 하였거니와 믿음으로 말미암는 의는 이같이 말하되 네 마음에 누가 하늘에 올라가겠느냐 하지 말라 하니 올라가겠느냐 함은 그리스도를 모셔 내리려는 것이요 혹 누가 음부[무덤]에 내려가겠느냐 하지 말라 하니 내려가겠느냐 함은 그리스도를 죽은 자 가운데서 모셔 올리려는 것이라. 그러면 무엇을 말하느뇨? 말씀이 네게 가까와 네 입에 있으며 네 마음에 있다 하였으니 곧 우리가 전파하는 믿음의 말씀이라.

율법으로 말미암는 의는 율법을 다 행함으로 이루는 의이다. 신명기 5:33, "너희 하나님 여호와께서 너희에게 명하신 모든 도를 행하라. 그리하면 너희가 삶을 얻고 복을 얻어서 너희의 얻은 땅에서 너희의 날이 장구하리라." 신명기 6:23, "우리가 그 명하신 대로 이 모든 명령을 우리 하나님 여호와 앞에서 삼가 지키면 그것이 곧 우리의 의로움이니라." 그러나 사람은 율법을 행함으로 의를 이루지 못한다.

믿음으로 말미암는 의는 예수 그리스도를 믿음으로 얻는 의이다. 하나님의 아들 예수 그리스도께서는 우리를 위해 십자가에 죽으시고 무덤에 장사한 바 되셨다가 삼일 만에 부활하시고 의를 이루셨다. 로마서 3:21-24, "이제는 율법 외에 하나님의 한 의가 나타났으니 율법과 선지자들에게 증거를 받은 것이라. 곧 예수 그리스도를 믿음으로 말미암아 모든 믿는 자에게 미치는 하나님의 의니 차별이 없느니라. 모든 사람이 죄를 범하였으매 하나님의 영광에 이르지 못하더니 그리스도 예수 안에 있는 구속(救贖)으로 말미암아 하나님의 은혜로 값 없이 의롭다 하심을 얻은 자 되었느니라." 로마서 4:25, "예수께서는 우리 범죄함을 위하여 내어줌이 되고 또한 우리를 의롭다 하심을 위하여 살아나셨느니라." 하나님께서는 주 예수 그리스도를 믿는 신약 성도들에게 죄사함과 의롭다 하심을 얻게 하셨다.

[9-13절] 네가 만일 네 입으로 예수[님]를 주[님]로 시인하며 또 하나님께서 그를 죽은 자 가운데서 살리신 것을 네 마음에 믿으면 구원을 얻으리니 [이는] 사람이 마음으로 믿어 의에 이르고 입으로 시인하여 구원에 이르느니라[이름이니라]. 성경에 이르되 누구든지 저를 믿는 자는 부끄러움을 당하지 아니하리라 하니 유대인이나 헬라인이나 차별이 없음이라. 한 주께서 모든 사람의 주가 되사[주님이 되셔서] 저를 부르는 모든 사람에게 부요하시도다. 누구든지 주[님]의 이름을 부르는 자는 구원을 얻으리라.

구원을 얻는 믿음의 기본적인 내용은, 예수께서 주님이신 것과 그가 우리 죄를 위해 죽으시고 다시 사셨다는 것을 믿는 것이다. 예수 그리스도의 부활을 믿는 자는 그의 기적들, 속죄, 재림 등을 믿을 수 있다. 사람이 마음으로 주님을 믿고 입으로 고백할 때 의롭다 하심과 구원을 얻는다. 구원에 있어서 신앙고백은 필수적이다. 사람의 믿음과 신앙고백은 그리스도인의 자발적 행위이지만, 그것은 오직 하나님의 은혜로만 이루어지는 것이다(요 6:37, 44). 또 구원은 모든 믿는 자들에게 주어진다. '누구든지 저를 믿는 자'(11절), '저를 부르는 모든 사람'(12절), '누구든지 주님의 이름을 부르는 자'(13절)는 구원을 얻을 것이다. 그러므로 구원을 위해 참된 믿음과 신앙고백이 필요하다.

[14-17절] 그런즉 저희가 믿지 아니하는 이를 어찌 부르리요? 듣지도 못한 이를 어찌 믿으리요? 전파하는 자가 없이 어찌 들으리요? 보내심을 받지 아니하였으면 어찌 전파하리요? 기록된 바 아름답도다. 좋은 소식을 전하는 자들의 발이여 함과 같으니라. 그러나 저희가 다 복음을 순종치 아니하였도다. 이사야가 가로되 주여[주님이시여], 우리의 전하는 바를 누가 믿었나이까 하였으니 그러므로 믿음은 들음에서 나며 들음은 그리스도의[하나님의](전통사본)16) 말씀으로 말미암았느니라.

---

16) Byz A syr^p 클레멘트 등이 그러함.

선택된 자들은 자동적으로 구원 얻는 것이 아니고 전도를 통하여 믿음으로 얻는다. 믿음은 저절로 생기는 것이 아니고 전도의 말씀을 통해 생기며 전도는 하나님께서 전도자를 파송하심으로 이루어진다. 하나님께서는 전도라는 수단을 통해 택자들을 구원하신다. 전도와 믿음은 하나님의 예정을 이루는 정상적이고 필수적인 방법이다.

그러므로 전도는 교회의 최대의 사명이다. 고린도전서 1:21, "하나님의 지혜에 있어서는 이 세상이 자기 지혜로 하나님을 알지 못하는 고로 하나님께서 전도의 미련한 것으로 믿는 자들을 구원하시기를 기뻐하셨도다." 교회는 전도자를 부르고 훈련시키고 세우고 복음이 들어가지 않은 곳에는 어디든지 파송해야 한다. 전도자의 발걸음은 귀하고 아름답다. 또 교회는 파송된 전도자를 기도와 물질로 후원해야 한다. 전도의 필요성은 말씀의 필요성이다. 전도는 말씀 전파이다. 믿음은 복음의 말씀의 바른 지식을 통해 생기기 때문이다.

〔18-21절〕 그러나 내가 말하노니 저희가 듣지 아니하였느뇨? 그렇지 아니하다. 그 소리가 온 땅에 퍼졌고 그 말씀이 땅끝까지 이르렀도다 하였느니라. 그러나 내가 말하노니 이스라엘이 알지 못하였느뇨? 먼저 모세가 이르되 내가 백성 아닌 자로써 너희를 시기 나게 하며 미련한 백성으로써 너희를 노엽게 하리라 하였고 또한 이사야가 매우 담대하여 이르되 내가 구하지 아니하는 자들에게 찾은 바 되고 내게 문의하지 아니하는 자들에게 나타났노라 하였고 이스라엘을 대하여 가라사대 순종치 아니하고 거스려[거슬러] 말하는 백성에게 내가 종일 내 손을 벌렸노라 하셨느니라.

바울은 신명기와 이사야서를 인용하였다. 신명기 32:21, "그들이 하나님이 아닌 자로 나의 질투를 일으키며 그들의 허무한 것으로 나의 진노를 격발하였으니 나도 백성이 되지 아니한 자로 그들의 시기가 나게 하며 우준한 민족으로 그들의 분노를 격발하리로다." 이사야 65:1, "나는 나를 구하지 아니하던 자에게 물음을 받았으며 나를 찾지 아니하던 자에게 찾아냄이 되었으며 내 이름을 부르지 아니하던 나라에게 내가 여기 있노라, 내가 여기 있노라 하였노라."

하나님의 말씀은 이스라엘 백성에게 먼저 전파되었고 하나님께서는 그들이 돌아오기를 오랫동안 기다리셨다. 그러나 이스라엘 백성은 그 말씀에 순종치 않고 그 말씀을 거슬러 행했다. 그들은 하나님의 아들 예수 그리스도를 십자가에 못박아 죽였고 그 죄를 뉘우치지 않았다. 그러므로 하나님께서는 하나님의 백성이 아니었던 이방인들을 불러 이스라엘로 하여금 시기 나게 하셨다.

본장의 교훈을 정리해보자. 첫째로, 예수 그리스도께서는 율법의 의를 이루셨다. 유대인들은 행위의 의를 고집하다가 실패했으나, 우리는 예수 그리스도의 대속(代贖)을 믿음으로 의를 얻었다. 이것은 구약성경에 예언된 바이었다. 예레미야 23:5, "보라 때가 이르리니 내가 다윗에게 한 의로운 가지를 일으킬 것이라." 다니엘 9:24, "영원한 의가 드러나며." 우리는 믿음으로 의를 얻었고 이제 그 의 안에서 의를 행해야 한다.

둘째로, 사람은 입으로 예수 그리스도를 주님으로 고백하고 마음으로 그의 죽음과 부활을 믿으면 의롭다 하심의 구원을 얻는다. 에베소서 2:8-9, "너희가 그 은혜를 인하여 믿음으로 말미암아 구원을 얻었나니 이것이 너희에게서 난 것이 아니요 하나님의 선물이라. 행위에서 난 것이 아니니 이는 누구든지 자랑치 못하게 함이니라." 주 예수 그리스도를 믿는 자는 자신뿐 아니라 그 가족들도 구원을 얻을 것이다(행 16:31).

셋째로, 사람은 전도자의 전도를 통해 예수 그리스도를 믿고 구원을 얻는다. 보냄을 받아야 전할 수 있고 전하는 자가 있어야 복음을 들을 수 있고 복음을 들어야 복음을 믿을 수 있고 믿어야 구원 얻을 수 있다(14, 15절). 17절, "믿음은 들음에서 나며 들음은 하나님의 말씀으로 말미암았느니라." 마가복음 16:15-16, "너희는 온 천하에 다니며 만민에게 복음을 전파하라. 믿고 세례를 받는 사람은 구원을 얻을 것이요 믿지 않는 사람은 정죄를 받으리라." 그러므로 우리는 힘써 전도해야 한다.

11장: 하나님의 구원 계획

〔1-6절〕 그러므로 내가 말하노니 하나님이[께서] 자기 백성을 버리셨느뇨? 그럴 수 없느니라. 나도 이스라엘인이요 아브라함의 씨에서 난 자요 베냐민 지파라. 하나님이[께서] 그 미리 아신 자기 백성을 버리지 아니하셨나니 너희가 성경이 엘리야를 가리켜 말한 것을 알지 못하느냐? 저가 이스라엘을 하나님께 송사하되 주여[주님이시여], 저희가 주[님]의 선지자들을 죽였으며 주[님]의 제단들을 헐어버렸고 나만 남았는데 내 목숨도 찾나이다 하니 저에게 하신 대답이 무엇이뇨? 내가 나를 위하여 바알에게 무릎을 꿇지 아니한 사람 7천을 남겨 두었다 하셨으니 그런즉 이와 같이 이제도 은혜로 택하심을 따라 남은 자가 있느니라. 만일 은혜로 된 것이면 행위로 말미암지 않음이니 그렇지 않으면 은혜가 은혜되지 못하느니라. [그러나 만일 행위에서 난 것이면 더 이상 은혜가 아니니 그렇지 않으면 행위가 더 이상 행위가 아니리라](KJV).[17]

하나님께서는 자기 백성 이스라엘을 버리지 않으셨다. 그들 중에 남은 자들이 있다는 사실이 그 증거다. 예수님의 처음 제자들은 유대인들이었고 바울 자신도 그러했다. 엘리야는 하나님께 자기 혼자만 남았다고 말했으나, 하나님께서는 바알에게 무릎을 꿇지 않은 7천명을 남겨두셨다고 말씀하셨다. 오늘날도 교회들이 배교한 시대이지만, 하나님의 은혜로 남은 종들과 교회들과 성도들이 있을 것이다.

〔7-12절〕 그런즉 어떠하뇨? 이스라엘이 구하는 그것을 얻지 못하고 오직 택하심을 입은 자가 얻었고 그 남은 자들은 완악하여졌느니라. 기록된 바 하나님이[께서] 오늘날까지 저희에게 혼미한 심령과 보지 못할 눈과 듣지 못할 귀를 주셨다 함과 같으니라(신 29:4; 사 29:10). 또 다윗이 가로되 저희 밥상이 올무와 덫과 거치는 것과 보응이 되게 하옵시고 저희 눈은 흐려 보지 못하고 저희 등은 항상 굽게 하옵소서 하였느니라(시 69:22-23). 그러므로 내가 말하노니 저희가 넘어지기까지 실족하였느뇨? 그럴 수 없느니라. 저희의

---

17) Byz vg (syr) Lect 등에 있음.

넘어짐으로 구원이 이방인에게 이르러 이스라엘로 시기 나게 함이니라. 저희의 넘어짐이 세상의 부요함이 되며 저희의 실패가 이방인의 부요함이 되거든 하물며 저희의 충만함이리요.

이스라엘 백성 중 소수는 예수 그리스도를 믿어 구원을 얻었으나, 남은 대다수는 완악하여져서 그를 거절하고 그를 믿지 않고 있었다. 이런 현상은 성경에 예언된 바이다. 그러나 이스라엘 백성의 실패는 이방인들의 구원이 되었고 이스라엘 백성이 시기 나게 되었다. 그들의 실패가 이방인들의 풍성한 구원이 되었다면, 장차 그들이 하나님께로 돌아오면 온 세상이 얼마나 더 충만한 구원의 복을 누리는 일이 되겠는가! 하나님께서는 사람들의 실패까지도 사용하셔서 선을 이루신다. 여기에서 사도 바울은 이스라엘 백성의 회복을 암시했다.

〔13-16절〕 **내가 이방인인 너희에게 말하노라. 내가 이방인의 사도인 만큼 내 직분을 영광스럽게 여기노니 이는 곧 내 골육을 아무쪼록 시기케 하여 저희 중에서 얼마를 구원하려 함이라. 저희를 버리는 것이 세상의 화목이 되거든 그 받아들이는 것이 죽은 자 가운데서 사는 것이 아니면 무엇이리요?** 제사하는 **처음 익은 곡식 가루가 거룩한즉 떡덩이도 그러하고 뿌리가 거룩한즉 가지도 그러하니라.**

사도 바울은 이방인의 사도로서 이방인들을 구원함으로 자기 골육 이스라엘 사람들로 시기케 하여 그들 중 얼마라도 구원하기를 소원했다. 이스라엘 백성의 구원은 죽은 자가 다시 사는 것과 같을 것이다. 제사하는 곡식 가루의 처음 한 줌이 거룩하면 그 전체가 거룩하며, 나무의 뿌리가 거룩하면 그 가지들도 거룩하다. 이 비유는 이스라엘의 조상들과 그 후손들의 관계에 적용될 수 있고 구약교회와 신약교회의 관계에도 적용될 수 있다. 신약교회의 이방인 신자들은 하나님의 은혜로 구약교회인 이스라엘 백성의 거룩함에 참여하였다.

〔17-18절〕 **또한 가지 얼마가 꺾여졌는데 돌감람나무인 네가 그들 중에 접붙임이 되어 참감람나무 뿌리의 진액을 함께 받는 자 되었은즉 그 가지들을 향하여 자긍하지 말라. 자긍할지라도 네가 뿌리를 보전하는 것이 아니요**

뿌리가 너를 보전하는 것이니라.

참감람나무 같은 이스라엘 백성의 불신앙 때문에 가지들 중 다수가 꺾이었고 그 대신 돌감람나무 같은 이방인들이 하나님의 은혜로 회개하고 예수님을 믿어 참감람나무에 접붙임을 받았고 그 뿌리의 진액을 함께 받는 자들이 되었다. 그러므로 이방인 신자들은 원나무 같은 유대인들을 향해 자랑하는 마음을 가져서는 안 된다.

〔19-24절〕 그러면 네 말이 가지들이 꺾이운 것은 나로 접붙임을 받게 하려 함이라 하리니 옳도다, 저희는 믿지 아니하므로 꺾이우고 너는 믿으므로 섰느니라. 높은 마음을 품지 말고 도리어 두려워하라. 하나님이[께서] 원 가지들도 아끼지 아니하셨은즉 너도 아끼지 아니하시리라. 그러므로 하나님의 인자(仁慈)[자비]와 엄위를 보라. 넘어지는 자들에게는 엄위가 있으니 너희가 만일 하나님의 인자(仁慈)[자비]에 거하면 그 인자[자비]가 너희에게 있으리라. 그렇지 않으면 너도 찍히는 바 되리라. 저희도 믿지 아니하는 데 거하지 아니하면 접붙임을 얻으리니 이는 저희를 접붙이실 능력이 하나님께 있음이라. 네가 원 돌감람나무에서 찍힘을 받고 본성을 거스려[거슬러] 좋은 감람나무에 접붙임을 얻었은즉 원가지인 이 사람들이야 얼마나 더 자기 감람나무에 접붙이심을 얻으랴.

이방인 신자들은 하나님 앞에서 높은 마음을 품지 말고 도리어 두려워해야 한다. 하나님께서 원가지들인 이스라엘 사람들도 아끼지 않고 꺾어버리셨다면 접붙임 받은 가지들인 이방인 신자들도 꺾어버리실 수 있다. 우리는 하나님의 자비하심과 엄위하심을 보아야 한다. 그러므로 예수 그리스도를 믿고 순종하는 자들은 하나님의 자비 안에 거하지만, 불신앙과 죄 가운데 행하는 자들은 하나님의 엄위하신 처분이 있을 것이다. 또 이스라엘 백성은 지금 불신앙 때문에 버림을 받았지만, 그들을 접붙이실 능력이 하나님께 있다. 구원하실 능력이 하나님께 있다. 돌감람나무의 가지들도 참감람나무에 접붙임을 받았거든 하물며 원가지들은 얼마나 더 잘 접붙임을 받겠는가?

〔25-26a절〕 형제들아, 너희가 스스로 지혜 있다 함을 면키 위하여 이

비밀을 너희가 모르기를 내가 원치 아니하노니 이 비밀은 **이방인의 충만한 수가 들어오기까지 이스라엘의 더러는 완악하게 된 것이라. 그리하여 온 이스라엘이 구원을 얻으리라.**

　사도 바울이 말한 하나님의 구원 계획의 비밀은 이방인들의 충만한 수가 들어오기까지 이스라엘의 더러는 완악하게 되지만 마침내 온 이스라엘이 구원을 얻을 것이라는 것이다. 여기에 '온 이스라엘의 구원'은 이스라엘 백성의 민족적, 국가적 대회심을 가리키는 것 같다. 이스라엘 민족 전체는 아닐지라도, 이스라엘 백성의 선택된 충만한 수의 사람들이 회개하며 예수님을 믿게 될 것을 암시한다. 만일 그렇지 않고 그 말이 단순히 이방인들과 이스라엘 백성의 선택된 총수를 의미한다면 구태여 '비밀'이라고 표현할 것이 없을 것이다. 또한 이방인들의 충만한 수와 이스라엘 백성의 '더러'가 대조되고, 또 이스라엘 백성의 '더러'와 '온' 이스라엘이 대조되는 것을 생각할 때도 '온 이스라엘'은 이스라엘 백성의 민족적, 국가적 회개를 암시한다고 보인다.

　〔26b-29절〕 **기록된 바 구원자가 시온에서 오사 야곱에게서 경건치 않은 것을 돌이키시겠고 내가 저희 죄를 없이 할 때에 저희에게 이루어질 내 언약이 이것이라 함과 같으니라**(사 59:20-21). **복음으로 하면 저희가 너희를 인하여 원수된 자요 택하심으로 하면 조상들을 인하여 사랑을 입은 자라. 하나님의 은사와 부르심에는 후회하심이 없느니라.**

　이스라엘 백성의 민족적 회복은 이사야서에 예언된 바이기도 하다. 이스라엘 백성이 현재 복음을 거절함으로써 하나님의 원수가 되어 있지만, 하나님의 선택하심으로 말한다면 그들은 이제까지 아브라함과 이삭과 야곱의 자손들로서 하나님의 특별한 사랑을 입었었다. 이런 하나님의 선택의 사랑은 폐해진 것이 아니라고 보인다. 그러므로 하나님께서 그들을 회복시키실 날이 올 수 있고 올 것이다.

　〔30-32절〕 **너희가 전에 하나님께 순종치 아니하더니 이스라엘에[그들의] 순종치 아니함으로 이제 긍휼을 입었는지라. 이와 같이 이 사람들이 순종치 아니하니 이는 너희에게 베푸시는 긍휼로 이제 저희도 긍휼을 얻게 하**

려 하심이니라. 하나님이[께서] 모든 사람을 순종치 아니하는 가운데 가두어 두심은 모든 사람에게 긍휼을 베풀려 하심이로다.

구원은 전적으로 하나님의 긍휼로 말미암는다. 이방인들은 전에는 불순종하였으나 이스라엘 백성의 불순종으로 이제 하나님의 긍휼을 입었고, 이와 비슷하게 유대인들은 지금 불순종하고 있으나 훗날에 그들에게도 하나님의 긍휼이 임할 것이다. 이와 같이, 하나님께서 이방인들이나 이스라엘 백성을 불순종 가운데 버려두심은 그들 모두에게 긍휼을 베푸시기 위함이다. 구원은 하나님의 전적인 은혜이다.

〔33-36절〕 깊도다, 하나님의 지혜와 지식의 부요함이여. 그의 판단은 측량치 못할 것이며 그의 길은 찾지 못할 것이로다. 누가 쥐[님]의 마음을 알았느뇨? 누가 그의 모사가 되었느뇨? 누가 쥐[님]께 먼저 드려서 갚으심을 받겠느뇨? 이는 만물이 쥐[님]에게서 나오고 쥐[님]로 말미암고 주에게로 돌아감(에이스 아우톤 εἰς αὐτὸν)[주님을 위함]**이라. 영광이 그에게 세세에 있으리로다. 아멘.**

사도 바울은 성령님의 감동으로 구원의 복음 진리를 다 해설한 후 이제 하나님의 지혜와 지식의 깊고 부요하심과 그의 판단과 행하심의 깊고 측량할 수 없음을 고백한다. 피조물인 인생이 어찌 창조자를 다 이해하며 다 설명할 수 있겠는가? 우리는 오직 하나님께서 계시하여 주신 만큼 알며 이해하며 전하며 설명할 뿐이다. 하나님의 계시하신 그 내용은 오늘날 신구약 성경책에 기록되어 있다.

사도 바울은 또 "이는 만물이 주님에게서 나오고 주님으로 말미암고 주님을 위함이라"고 말한다. 이 말씀은 하나님의 절대적 주권의 진리를 보인다. 세상의 모든 일은 다 하나님께로부터 나오고 하나님으로 말미암으며 마침내 하나님께 영광을 돌리게 될 것이다. 그것은 세상의 모든 일들에 있어서도 그러하고 특히 사람들의 구원의 일에 있어서도 그러하다. 하나님께서는 세상의 모든 일들을 계획하시고 처리하시며 특히 사람들의 구원의 일에서 그러하시다. 세상 만사는 하나님의 손 안에 있다. 이것은 웅대한 세계적, 우주적 진리이다.

　본장의 교훈을 정리해보자. 첫째로, 하나님께서는 구약시대에 은혜로 택하신 자들을 남겨두셨다. 그는 엘리야 때에 바알에게 무릎을 꿇지 않은 7천명을 남겨두셨다. 이스라엘 백성의 실패의 역사도 결국 하나님께서 택하신 이방인들의 구원이 되었다. 오늘날 배교의 시대에도 하나님께서 은혜로 택하신 자들이 있음이 확실하다. 교회들은 배교와 타협과 혼란 속에 있지만, 이런 교계의 풍조에 물들지 않고 순수한 옛신앙을 소유하고 옛길을 붙든 자들이 세계 곳곳에 남아 있을 것이다. 우리는 그것을 기대하며 또 우리 자신이 그런 자 되기를 힘써야 한다.

　둘째로, 우리는 모든 인류를 향하신 하나님의 구원 계획을 깨달아야 한다. 이스라엘 사람들이 하나님께서 보내주신 그리스도를 십자가에 못박아 죽였고 구원의 복음을 거절함으로써 복음이 이방 세계로 전파되었고 많은 이방인들이 예수 그리스도를 믿고 구원을 얻었다. 돌감람나무의 가지들 같은 이방인들이 참감람나무에 접붙임을 받았다. 그러나 하나님의 비밀한 구원의 계획이 증거되었다. 이방인들의 충만한 수가 들어올 때까지 이스라엘 백성의 더러는 완악할 것이나, 마침내 온 이스라엘이 구원을 얻을 것이다(25-26절). 그것은 이스라엘의 민족적 회심을 암시하며, 여기에 온 세계를 향한 하나님의 구원 계획이 있다.

　셋째로, 구원은 오직 하나님의 긍휼에서 비롯된다. 30-32절, "너희가 전에 하나님께 순종치 아니하더니 이스라엘이 순종치 아니함으로 이제 긍휼을 입었는지라. 이와 같이 이 사람들이 순종치 아니하니 이는 너희에게 베푸시는 긍휼로 이제 저희도 긍휼을 얻게 하려 하심이니라. 하나님께서 모든 사람을 순종치 아니하는 가운데 가두어 두심은 모든 사람에게 긍휼을 베풀려 하심이로다." 36절, "이는 만물이 주님에게서 나오고 주님으로 말미암고 주님을 위함이라." 우리가 구원 얻은 것은 오직 하나님의 긍휼의 작정과 섭리로 이루어졌다. 그러므로 우리는 하나님의 긍휼만 의지하고 그 긍휼 안에서 믿음과 순종으로 살아야 한다.

12장: 그리스도인의 생활

1-2절, 헌신(獻身)

〔1절〕 그러므로 형제들아, 내가 하나님의 모든 자비하심으로 너희를 권하노니 너희 몸을 하나님이[께서] 기뻐하시는 거룩한 산 제사로 드리라. 이는 너희의 드릴 영적(로기켄 λογικὴν)[합당한](KJV, NIV) 예배니라.

사도 바울은 구원 얻은 자의 생활에 대해 교훈하면서 첫째로 헌신에 대해 말한다. 헌신(獻身)은 하나님께 우리의 몸을 드리는 것을 말한다. 몸은 우리의 모든 것을 포함한다. 그것은 우리의 손과 발, 우리의 재능과 목소리와 힘, 우리의 시간과 돈, 심지어 우리의 생명까지 포함한다. 이런 것들은 다 우리의 몸과 함께 움직인다. 몸이 없으면 이런 것들도 없다. 몸을 드리는 것은 이 모든 것을 드리는 것이다.

헌신의 이유는 무엇인가? "그러므로 형제들아, 내가 하나님의 모든 자비하심으로 너희를 권하노니." 복음은 하나님의 크신 자비와 사랑의 소식이다. 우리는 하나님의 크신 자비와 사랑으로 하나님의 독생자 예수 그리스도께서 십자가에 죽으심으로 우리의 모든 죄와 지옥 형벌로부터 구원을 얻었다. 로마서 3:24, "그리스도 예수 안에 있는 구속(救贖)으로 말미암아 하나님의 은혜로 값없이 의롭다 하심을 얻은 자 되었느니라." 로마서 6:23, "죄의 보응은 사망이요 하나님의 은혜의 선물은 그리스도 예수 우리 주 안에 있는 영생이니라."

우리가 하나님께 우리의 몸을 드리는 것은 하나님께서 우리에게 베푸신 크신 은혜 때문이다. 고린도전서 6:19-20, "너희 몸은 너희가 하나님께로부터 받은 바 너희 가운데 계신 성령님의 전인 줄을 알지 못하느냐? 너희는 너희의 것이 아니라 값으로 산 것이 되었으니 그런즉 하나님의 것인 너희 몸과 너희 영으로(전통사본) 하나님께 영광을 돌리라." 고린도후서 5:14-15, "그리스도의 사랑이 우리를 강권하시는도다. 우리가 생각건대 한 사람이 모든 사람을 대신하여 죽었은즉 모든 사람이 죽은 것이라. 저가 모든 사람을 대신하여 죽으심은 산 자들로 하여금 다시는 저희 자신을 위하여 살지 않고 오직 저희를 대신하여 죽었다가 다시 사신 자를 위하여 살게 하려 함이니라."

사도 바울은 헌신을 '산 제사'라고 표현하였다. 그것은 구약시대의 제사와 대조되는 말이다. 구약시대에는 짐승을 죽여 하나님께 제사를 드려야 했다. 그러나 예수 그리스도께서 오셔서 자신을 십자가에 대속 제물로 주신 오늘날에는 우리가 우리의 몸을 하나님께 드리는 것이 필요할 뿐이다. 구약시대의 번제는 일차적으로 예수 그리스도의 대속 사역을 상징했으나, 또한 성도들의 온전한 헌신도 상징했다고 본다. 우리는 우리의 몸을 하나님께 온전히 드려야 한다.

하나님께 드려지는 헌신은 하나님께서 기뻐하시는 거룩한 삶이어야 한다. 거룩한 삶이란 하나님의 계명을 지키며 죄를 짓지 않는 삶이다. 이런 헌신 곧 거룩한 삶을 사도 바울은 하나님께 드리는 '합당한 예배'라고 불렀다. 어떤 형식의 예배보다도, 하나님 앞에서의 헌신과 거룩한 삶 자체가 하나님께 드리는 가장 합당한 예배라는 뜻이다.

〔2절〕 너희는 이 세대를 본받지 말고 오직 마음(누스 νοῦς)[생각]을 새롭게 함으로 변화를 받아 하나님의 선하시고 기뻐하시고 온전하신 뜻이 무엇인지 분별하도록 하라.

사도 바울은 헌신자가 행해야 할 바를 몇 가지 교훈한다. 첫째로, 우리는 이 세상을 본받지 말아야 한다. 이 세상은 언제나 불경건하고 악하고 음란한 세상이다. 마태복음 12:39, "예수께서 대답해 말씀하시기를 악하고 음란한 세대가 표적을 구하나 선지자 요나의 표적밖에는 보일 표적이 없느니라." 마가복음 8:38, "누구든지 이 음란하고 죄 많은 세대에서 나와 내 말을 부끄러워하면 인자도 아버지의 영광으로 거룩한 천사들과 함께 올 때에 그 사람을 부끄러워하리라." 구원은 죄로부터의 구원이며 또한 세상으로부터의 구원이다. 세상은 악하기 때문이다. 그러므로 베드로는 오순절에 모였던 경건한 유대인들에게 "너희가 이 패역한 세대에서 구원을 받으라"고 말하였다(행 2:40). 세상 사람들의 삶의 목적과 가치관과 사고방식은 하나님의 원하시는 바와 너무 거리가 멀다. 그러므로 성도가 하나님께 헌신하려면 이 세상을 본받지 말아야 한다. 우리가 세상을 본받는다면, 우리는 결코 경건하고 거룩하고 선하게 살 수 없고 하나님께 헌신할 수 없다.

둘째로, 우리는 생각을 새롭게 함으로 변화를 받아야 한다. 구원은 경건하고 거룩하고 선한 방향으로의 생각의 변화이다. 그것이 중생이다. 또 '변화를 받으라'는 원어(메타모르푸스데 μεταμορφοῦσθε)는 현재 명령형으로 우리의 생각의 변화가 한번에 끝나는 것이 아니고 계속 반복해서 일어나야 함을 보인다. 성도의 영적 성장 곧 성화는 생각의 성숙함이라고 할 수 있다. 우리는 이 세상을 본받지 말고 생각이 날마다 새로워져야 한다. 그래야 하나님의 기뻐하시는 방향으로 우리의 몸을 하나님께 드릴 수 있다. 에베소서 4:22-23도, "너희는 속이는 욕심을 따라 썩어져 가는 구습을 좇는 옛 사람을 벗어버리고 오직 너희의 생각의 영으로 새롭게 되어[계속 새롭게 되어]"라고 말한다. '새롭게 되어'라는 원어(현재부정사)도 계속성을 나타낸다. 우리의 구원은 생각의 변화에서 시작되고 그 생각의 변화는 한번으로 끝나지 않고 점점 더 성숙해지는 것이다. 성화(聖化)는 깨달음의 성숙 과정이다. 사람의 연약성은 잘 변하지 않지만, 성도들의 생각과 깨달음에는 변화가 있다. 성도들의 생각의 성숙은 평생 진행될 것이다. 구원 얻기 전의 우리의 생각은 이 세상 중심적이고 불경건하고 부도덕하고 정욕적이었으나, 구원 얻은 우리는 이제 우리의 생각이 새로워져서 성경에 교훈된 대로 하나님과 천국과 영생을 생각하고 경건하고 도덕적인 것만 생각하는 자들이 되었고 또 그러해야 한다.

셋째로, 우리는 하나님의 뜻을 분별해야 한다. 사도 바울은 하나님의 뜻을 '하나님의 선하시고 기뻐하시고 온전하신' 뜻이라고 말했다. 하나님의 뜻은 그 내용이 선하며 그것을 믿고 행한 결과도 선하다. 미가 6:8, "사람아, 주께서 선한 것이 무엇임을 네게 보이셨나니 여호와께서 네게 구하시는 것이 오직 공의를 행하며 인자(仁慈)[자비]를 사랑하며 겸손히 네 하나님과 함께 행하는 것이 아니냐?"

또 주권적 섭리자 하나님께서는 그의 기뻐하시는 일들을 행하신다. 시편 115:3, "오직 우리 하나님께서는 하늘에 계셔서 원하시는 모든 것을 행하셨나이다." 하나님의 뜻은 우리의 뜻과 달라 우리가 이해할 수 없는 경우들이 많다. 이사야 55:8-9, "여호와의 말씀에 내 생각은 너희 생각과 다르며 내 길은 너희 길과 달라서 하늘이 땅보다 높음같이 내 길은 너희 길보다 높으며 내 생각은 너희 생각보다 높으니라." 그러나 우리는 하나님의 선하시고 기뻐하시는 뜻을 분별해야 하고 비록 그 뜻을 다 이해하지 못할 때에도 그 뜻에 순종해야 한다.

또 우리는 하나님의 온전하신 뜻을 알아야 한다. 사도행전 20:27에 보면, 사도 바울은 가는 곳마다 사람들에게 하나님의 모든 뜻을 거리낌 없이 다 전하였다고 증거하였다. 하나님의 뜻은 성경에 밝히 기록되어 있다. 오늘날 우리는 성경을 통해 하나님의 뜻을 깨닫는다. 디모데후서 3:15-17, "네가 어려서부터 성경을 알았나니 성경은 능히 너로 하여금 그리스도 예수 안에 있는 믿음으로 말미암아 구원에 이르는 지혜가 있게 하느니라. 모든 성경은 하나님의 감동으로 된 것으로 교훈과 책망과 바르게 함과 의로 교육하기에 유익하니 이는 하나님의 사람으로 온전케 하며 모든 선한 일을 행하기에 온전케 하려 함이니라." 성경은 하나님의 감동으로 주신 하나님의 말씀이며 우리에게 구원과 온전함을 주는 말씀이다. 그러므로 우리는 성경을 부분적으로 아는 것으로 만족치 말고 성경 전체에 계시된 하나님의 모든 뜻을 알고 그 뜻에 순종해야 한다. 그러므로 성도의 생활에서 성경 읽기와 성경 연구는 필수적이다. 우리는 하나님의 뜻을 알기 위하여 신구약 66권을 열심히 읽고 듣고 연구해야 한다. 또 우리는 성경에 계시된 하나님의 온전하신 뜻에 순종해야 한다. 이와 같이, 하나님께 헌신함은 하나님의 선하시고 기뻐하시고 온전하신 뜻에 순종하는 것이다.

본문의 교훈을 정리해보자. 첫째로, 우리는 하나님께 헌신(獻身)해야 한다. 우리는 우리의 손과 발을, 우리의 재능과 목소리와 힘을, 우리의 시간과 돈을 하나님의 영광을 위해 드리며, 우리의 목숨까지도 하나님의 일을 위해 바쳐야 한다. 예수께서 우리를 위해 자기의 몸을 십자가에 내어주셨듯이, 우리는 우리의 몸을 하나님께 온전히 드려야 한다.

둘째로, 우리는 하나님의 크신 자비와 사랑에 보답하여 헌신해야 한다. 하나님께서는 우리를 사랑하셔서 외아들을 희생하셨다. 하나님의 아들 예수께서는 우리를 사랑하셔서 자신을 희생하셨다. 그는 핏값으로 우리를 사셨다(행 20:28; 고전 6:20). 그의 죽음은 우리의 의가 되었고 그를 믿는 우리는 죄와 죽음과 지옥 형벌로부터 구원을 얻었다. 그러므로 우리는 하나님의 자비와 사랑에 보답하여 하나님께 헌신해야 한다.

셋째로, 우리는 이 세상을 본받지 말고 생각을 날마다 새롭게 함으로 변화를 받아 하나님의 선하시고 기뻐하시고 온전하신 뜻을 분별해야 한다. 우리는 이 악하고 음란한 세상을 본받지 말아야 하고 특히 세상 사람들의 가치관을 본받지 말아야 한다. 또 우리는 계속 생각의 변화, 생각의 성숙함을 가져야 하고 또 하나님의 선하시고 기뻐하시고 온전하신 뜻을 분별해야 하고 그 뜻에 순종해야 한다. 하나님의 뜻은 성경 곧 신구약 66권의 책에 분명히, 자세히, 온전히 기록되어 있다. 그러므로 우리는 성경말씀을 귀히 여기며 주야로 읽고 듣고 묵상하고 연구하며 그 모든 말씀을 다 믿고 그 모든 말씀을 다 소망하고 그 모든 말씀을 힘써 행해야 한다. 헌신은 하나님의 모든 말씀에 순종하는 것이다.

3-13절, 그리스도인의 생활

〔3-5절〕 **내게 주신 은혜로 말미암아 너희 중 각 사람에게 말하노니 마땅히 생각할 그 이상의 생각을 품지 말고 오직 하나님께서 각 사람에게 나눠 주신 믿음의 분량대로 지혜롭게**(소프로네인 σωφρονεῖν)[바르게, 건전하게] **생각하라. 우리가 한 몸에 많은 지체를 가졌으나 모든 지체가 같은 직분을 가진 것이 아니니 이와 같이 우리 많은 사람이 그리스도 안에서 한 몸이 되어 서로 지체가 되었느니라.**

우리는 마땅히 생각할 그 이상의 생각을 품지 말고 오직 하나님께서 각 사람에게 주신 믿음의 분량대로 바르고 건전하게 생각해야 한다. 우리는 '그리스도 안에서 한 몸'이다. 몸에 여러 지체가 있듯이, 그리스도의 몸인 교회 안에 여러 직분이 있다. 각 지체는 자기 위치를 잘 지켜야 한다. 눈은 눈의 역할을, 입은 입의 역할을, 손이나 발은 손이나 발의 역할을 잘할 때 몸은 평안할 것이다. 이와 같이, 교회도 각 사람이 자기 위치를 지키며 충성할 때 평안할 것이다.

고린도전서 12:14-27, "몸은 한 지체뿐 아니요 여럿이니 만일 발이 이르되 나는 손이 아니니 몸에 붙지 아니하였다 할지라도 이로 인하여 몸에 붙지 아니한 것이 아니요 또 귀가 이르되 나는 눈이 아니니 몸에 붙지 아니하였다 할지라도 이로 인하여 몸에 붙지 아니한 것이 아니니 만일 온 몸이 눈이면 듣는 곳은 어디며 온 몸이 듣는 곳이면 냄새 맡는 곳은 어디뇨? 그러나 이제 하나님께서 그 원하시는 대로 지체를 각각 몸에 두셨으니 만일 다 한 지체뿐이면 몸은 어디뇨? 이제 지체는 많으나 몸은 하나라. 눈이 손더러 내가 너를 쓸데없다 하거나 또한 머리가 발더러 내가 너를 쓸데없다 하거나 하지 못하리라. 이뿐 아니라 몸의 더 약하게 보이는 지체가 도리어 요긴하고 우리가 몸의 덜 귀히 여기는 그것들을 더욱 귀한 것들로 입혀 주며 우리의 아름답지 못한 지체는 더욱 아름다운 것을 얻고 우리의 아름다운 지체는 요구할 것이 없으니 오직 하나님께서 몸을 고르게 하여 부족한 지체에게 존귀를 더하사 몸 가운데서 분쟁이 없고 오직 여러 지체가 서로 같이하여 돌아보게 하셨으니 만일 한 지체가 고통을 받으면 모든 지체도 함께 고통을 받고 한 지체가 영광을 얻으면 모든 지체도 함께 즐거워하나니 너희는 그리스도의 몸이요 지체의 각 부분이라."

〔6-8절〕우리에게 주신 은혜대로 받은 은사가 각각 다르니 혹 예언이면 믿음의 분수대로, 혹 섬기는 일이면 섬기는 일로, 혹 가르치는 자면 가르치는 일로, 혹 권위(勸慰)하는 자면 권위(勸慰)하는 일로, 구제하는 자는 성실함[하플로테스 ἁπλότης][단순함(KJV), 너그러움(NASB, NIV)]으로, 다스리는 자는 부지런함으로, 긍휼을 베푸는 자는 즐거움으로 할 것이니라.

우리가 하나님께 받은 은사는 각각 다르며 각 사람은 자기 직분에 충실해야 한다. 예언하는 자는 믿음의 분수대로 해야 한다. 오늘날에 설교자는 성경을 연구하고 묵상하여 거기에 계시된 하나님의 뜻을 충실히 전해야 한다. 섬기는 자는 섬기는 일로 해야 한다. 교회 직분자들은 섬기는 자들이다. 가르치는 자는 가르치는 일에, 권위(勸慰)하는 자, 즉 권면하고 위로하는 자는 그 일에 힘써야 한다. 구제하는 자는 단순함과 너그러움으로 구제해야 한다. 다스리는 자는 부지런함으로 일해야 하고, 긍휼을 베푸는 자는 즐거움으로 해야 한다.

〔9-10절〕사랑엔 거짓이 없나니 악을 미워하고 선에 속하라[선한 것을 붙들라]. 형제를 사랑하여 서로 우애하고 존경하기를 서로 먼저 하며.

우리는 서로 사랑하며 악을 미워하고 선한 일에 힘써야 한다. 사랑에는 거짓이 없다. 요한복음 13:34, "새 계명을 너희에게 주노니 서로 사랑하라." 고린도전서 13:6, "[사랑은] 진리와 함께 기뻐하고." 거짓된 사랑은 사랑이 아니다. 우리는 거짓 없는 사랑을 실천해야 한다. 또 우리는 선하게 살아야 한다. 악은 남에게 해를 끼치는 것이며 선은 남에게 유익을 끼치는 것이다. 하나님의 뜻은 우리가 선하게 사는 것이다. 아모스 5:15, "너희는 악을 미워하고 선을 사랑하며." 미가 6:8, "여호와께서 네게 구하시는 것이 오직 공의를 행하며 인자(仁慈)

[자비]를 사랑하며 겸손히 네 하나님과 함께 행하는 것이 아니냐?"

우리는 서로 사랑하며 우애하고 사이좋게 지내야 하고 서로 좋은 친구가 되어야 한다. 상대방에게 부족이 있음에도 불구하고 주께서 우리 모두를 위해 피 흘려 대속하셨기 때문에 우리는 서로 사랑해야 한다. 또 우리는 상대를 먼저 존경해야 하고 또 서로 복종해야 한다. 에베소서 5:21, "그리스도를 경외함으로 서로 복종하라."

〔11절〕부지런하여 게으르지 말고 열심을 품고 주를 섬기라.

또 우리는 부지런하여 게으르지 말아야 하고 또 열심을 품고 주를 섬겨야 한다. 우리는 부지런하게 살아야 한다. 잠언 6:6, "게으른 자여, 개미에게 가서 그가 하는 것을 보고 지혜를 얻으라." 데살로니가후서 3:10-12, "우리가 너희와 함께 있을 때에도 너희에게 명하기를 누구든지 일하기 싫어하거든 먹지도 말게 하라 하였더니 우리가 들은즉 너희 가운데 규모 없이 행하여 도무지 일하지 아니하고 일만 만드는 자들이 있다 하니 이런 자들에게 우리가 명하고 주 예수 그리스도 안에서 권하기를 조용히 일하여 자기 양식을 먹으라 하노라." 에베소서 5:16, "세월을 아끼라[시간을 최선용하라]. 때가 악하니라." 직장 다니는 자나 사업하는 자는 자기의 일에, 학생들은 학교 공부에, 주부들은 음식 만드는 일이나 집안 살림의 일에 충실해야 한다.

우리는 특히 열심을 품고 주를 섬겨야 한다. 우리는 썩는 양식을 위해 일하지 말고 썩지 않는 양식을 위해 일해야 한다. 그것은 예수님을 믿는 일이다(요 6:27-29). 우리는 성경 읽고 기도하는 일에 힘써야 하며, 또 지교회에 속하여 하나님께 예배드리는 모임들에 빠지지 않고 잘 참석하고 전도와 봉사의 일들에도 참여하고 힘써야 한다. 히브리서 10:24-25, "서로 돌아보아 사랑과 선행을 격려하며 모이기를 폐하는 어떤 사람들의 습관과 같이 하지 말고 오직 권하여 그 날이 가까움을 볼수록 더욱 그리하자." 사도행전 2:46, "날마다 마음을 같이 하여 성전에 모이기를 힘쓰고."

〔12절〕소망 중에 즐거워하며 환난 중에 참으며 기도에 항상 힘쓰며.

우리는 소망 중에 즐거워해야 한다. 성도들의 소망은 주 예수님의 재림과 죽은 성도의 복된 부활과 천국과 영생이다. 이것들은 성도의 기쁨의 이유이다. 우리는 이런 것들을 소망하고 그 소망이 확실하기 때문에 기뻐할 수 있다. 또 우리는 환난 중에 참아야 한다. 우리는 이 세상에서 질병들, 경제적 곤란, 자연적 재난, 핍박 등 여러 가지 환난들을 당한다. 그러나 우리는 환난 중에 참아야 한다. 왜냐하면 주권자 하나님께서 그 환난을 주셨고, 하나님께서 그 환난 중에서도 우리를 지키실 것이 확실하고, 또 하나님께서 그 환난을 통해 우리의 인격을 단련시키시고 우리에게 영적 유익을 주실 것이기 때문이다.

또 우리는 기도에 항상 힘써야 한다. 우리는 평안할 때에 하나님께 찬송하지만, 환난 날에 기도해야 한다. 야고보서 5:13-16, "너희 중에 고난 당하는 자가 있느냐? 저는 기도할 것이요," "너희 중에 병든 자가 있느냐? 저는 교회의 장로들을 청할 것이요 그들은 주의 이름으로 기름을 바르며 위하여 기도할지니라. 믿음의 기도는 병든 자를 구원하리니 주께서 저를 일으키시리라. 혹시 죄를 범하였을지라도 사하심을 얻으리라. 이러므로 너희 죄를 서로 고하며 병 낫기를 위하여 서로 기도하라. 의인의 간구는 활동하는 힘이 많으니라." 기도는 성도가 하나님과 교제하는 방법이며 하나님의 능력을 공급받는 길이다. 우리가 기도에 항상 힘쓰면 어떤 어려운 일이 와도 낙심치 않고 승리의 삶을 살 수 있고 하나님의 영광을 드러낼 수 있다.

〔13절〕성도의 쓸 것을 공급하며[성도의 필요한 것들을 함께 나누며] **손 대접하기를 힘쓰라.**

우리는 성도의 필요한 것을 함께 나누며 손님 대접하기를 힘써야 한다. 구제는 하나님의 뜻이다. 신명기 15:7-10, "네 하나님 여호와께서 네게 주신 땅 어느 성읍에서든지 가난한 형제가 너와 함께 거하거든 그 가난한 형제에게 네 마음을 강퍅히 하지 말며 네 손을 움켜쥐지 말고 반드시 네 손을 그에게 펴서 그 요구하는 대로 쓸 것을 넉넉히 꾸어주라. . . . 너는 반드시 그에게 구제할 것이요, 구제할 때에는 아끼는 마음을 품지 말 것이니라. 이로 인하여 네 하나님 여호와께서 네 범사와 네 손으로 하는 바에 네게 복을 주시리라." 우리는 어려운 교우나 이웃, 또 손님에 대해 너그러운 마음을 가지고 후하게 대접해야 한다. 사도 바울은 교회의 장로들의 자격 요건에 대해 가르치면서 나그네를 대접하는 것을 들었다(딤전 3:2).

본문의 교훈을 정리해보자. 첫째로, 우리는 하나님께서 주신 믿음의 분량을 따라 바르고 건전하게 생각해야 한다. 우리는 예수 그리스도의 몸된 교회의 지체임을 기억하고 결코 자기 위치를 벗어난 생각을 하지 말고 자기 위치에 맞게, 겸손하게, 바르고 건전하게 생각해야 한다.

둘째로, 우리는 서로 사랑해야 한다. 이것은 주께서 주신 새 계명이기도 하다. 또 사랑은 거짓이 없어야 하고 선한 행위로 나타나야 한다. 우리는 서로 우애하고 상대를 먼저 존경하고 서로 복종해야 한다.

셋째로, 우리는 부지런하게 살고 게으르지 말아야 한다. 우리는 특히 열심으로 하나님을 섬겨야 한다. 우리는 세상 일에도 게으르지 말아야 하고 각자 자기 직업에 충실해야 하지만, 특히 마음을 다해 하나님을 사랑하고 날마다 성경 읽고 기도하고 계명 순종하기를 힘써야 한다.

넷째로, 우리는 소망 중에 즐거워하며 환난 중에 참아야 한다. 우리는 주 예수님의 재림과 복된 부활과 천국과 영생을 확신하고 소망하고 즐거워하며 또 이 세상에서 당하는 여러 가지 환난들을 참아야 한다.

다섯째로, 우리는 선행의 열매를 맺어야 한다. 우리는 가난한 성도들을 돌아보며 구제하기를 좋아해야 한다. 하나님께서 우리를 구원하신 목적은 선한 일을 열심히 하는 친 백성이 되게 하려 하심이다(딛 2:14).

14-21절, 선으로 악을 이기라

〔14절〕너희를 핍박하는 자를 축복하라. 축복하고 저주하지 말라.

성도는 자기를 핍박하고 괴롭히는 자들에 대해서도 사랑으로 대하고 그들을 축복해야 하고 저주하지 말아야 한다. 이것은 주께서 친히 가르치신 내용이었다. 마태복음 5:44, "나는 너희에게 이르노니 너희 원수를 사랑하며 너희를 저주하는 자들을 축복하며 너희를 미워하는 자들에게 선을 베풀며 너희를 모욕하고(전통본문) 너희를 핍박하는 자를 위하여 기도하라." 누가복음 6:27-28, "내가 이르노니 너희 원수를 사랑하며 너희를 미워하는 자를 선대하며 너희를 저주하는 자를 위하여 축복하며 너희를 모욕하는 자를 위하여 기도하라."

이것은 어려운 일이지만, 우리가 그렇게 해야 할 이유는, 첫째로 그들이 하나님과 진리를 알지 못해서 그런 행동을 하고 있고, 둘째로 우리도 과거에 구원 얻기 전에는 그런 자들과 크게 다를 바가 없었고, 셋째로 만일 그들이 하나님의 택하신 자들이라면 예수 그리스도께서 그들의 모든 죄도 십자가 위에서 담당하셨을 것이고, 넷째로 그들도 어느 날 우리처럼 하나님의 은혜를 받아 자신의 죄를 회개하고 예수 그리스도를 믿어 구원을 얻을 수 있기 때문이다.

주 예수께서는 모범도 보이셨다. 누가복음 23:34, (십자가 위에서) "예수께서 말씀하시기를 아버지시여, 저희를 사하여 주옵소서. 자기의 하는 것을 알지 못함이니이다 하시더라." 스데반 집사도 그러했다. 사도행전 7:60, "주님이시여, 이 죄를 저들에게 돌리지 마옵소서."

〔15-16절〕즐거워하는 자들로 함께 즐거워하고 우는 자들로 함께 울라. 서로 마음[생각]을 같이하며 높은 데 마음[생각]을 두지 말고 도리어 낮은 데 처하며[낮은 자들과 함께 어울리며](NASB, NIV) 스스로 지혜 있는 체 말라[스스로 지혜롭다고 생각하지 말라].

사람의 삶은 기쁨과 슬픔이 뒤섞인 삶이다. 취직, 승진, 결혼, 출산

등의 기쁜 일도 있으나, 질병, 사고, 파산, 이별, 죽음 등의 슬픈 일도
있다. 이런 현실 속에서 성도는 이웃들과 함께 웃고 함께 울 줄 알아
야 한다. 그것은 지극히 정상적인 건전한 인격의 모습이다. 믿는 성도
들은 서로 생각을 같이하고 감정을 같이해야 한다.

성도는 생각을 같이하고 높은 마음을 품지 말고 겸손히 처신하며
낮은 자들과 함께 어울리고 스스로 지혜롭다고 생각지 말아야 한다.
사람의 가치는 그의 외모나 재산이나 학력이나 사회적 신분에 있지
않고 그의 인격성, 즉 그의 경건성과 도덕성에 있다. 그러므로 우리는
겸손한 마음을 가진 경건하고 도덕적인 인격이 되어야 한다.

잠언 18:1은 "무리에게서 스스로 나뉘는 자는 자기 소욕을 따르는
자라. 온갖 참 지혜를 배척하느니라"고 말한다. 모세 시대에, 레위인
고라와 그의 동료들과 유명한 족장들 250명은 높은 마음을 품고 모세
를 대적하였었다. 그러나 그것은 하나님 앞에서 매우 악한 일이었다.
하나님께서는 땅의 갈라짐으로 또 불로 그들을 벌하셨다.

교만한 자들은 항상 불평하며 하나님께서 세우신 권위에 대항하지
만, 겸손한 자들은 범사에 감사하며 평안하고 하나님께서 주신 제도
와 질서에 순응한다. 유다서에 보면, 이단들의 특징은 원망하고 불만
하며 당을 지어 하나님께서 세우신 권위에 도전하고 대항하는 것이
었다(유 16, 19). 우리는 겸손한 자가 되어야 한다.

**〔17-18절〕아무에게도 악으로 악을 갚지 말고 모든 사람 앞에서 선한
일을 도모하라[선한 일을 생각하라]. 할 수 있거든 너희로서는 모든 사람으
로 더불어 평화하라.**

주 예수께서도 말씀하시기를, "나는 너희에게 이르노니 악한 자를
대적지 말라. 누구든지 네 오른편 뺨을 치거든 왼편도 돌려 대며 또
너를 송사하여 속옷을 가지고자 하는 자에게 겉옷까지도 가지게 하
며 또 누구든지 너로 억지로 오리를 가게 하거든 그 사람과 십리를
동행하고 네게 구하는 자에게 주며 네게 꾸고자 하는 자에게 거절하

지 말라"고 하셨다(마 5:39-42). 하나님께서 우리가 악으로 악을 갚는 것을 허락지 않으신 까닭은 우리 자신이 전에 악인이었으나 하나님의 긍휼을 입었기 때문이다. 하나님께서 자기와 원수 되었던 우리를 사랑하신 것처럼 우리는 악하게 행하는 자들에게 보복하지 말고 모든 사람에게 선을 행하고 할 수 있으면 모든 사람과 화목해야 한다.

잘못이 우리에게 있는 경우, 우리는 먼저 가서 사과하고 서로 화목해야 한다. 잘못이 상대에게 있는 경우, 그가 용서를 구하면 우리는 언제라도 용서해주어야 한다. 예수께서는 형제가 용서를 빌면 일흔 번씩 일곱 번이라도 용서하라고 교훈하셨다(마 18:22). 그러나 우리가 상대방과 화목하기가 불가능한 때도 있을 것이다. 상대방이 우리에게 악을 행했거나 거짓으로 우리를 비난함으로 교제가 끊어졌을 경우, 그런 자와의 교제의 회복은 그가 회개할 때 비로소 가능할 것이지만, 그가 끝까지 회개치 않는다면 화목이 불가능할 것이다. 그러나 그런 경우에도 우리는 그런 자를 불쌍히 여겨야 한다.

〔19-21절〕내 사랑하는 자들아, 너희가 친히 원수를 갚지 말고 진노하심에 맡기라. 기록되었으되 원수 갚는 것이 내게 있으니 내가 갚으리라고 주께서 말씀하시니라. 네 원수가 주리거든 먹이고 목마르거든 마시우라. 그리함으로 네가 숯불을 그 머리에 쌓아 놓으리라. 악에게 지지 말고 선으로 악을 이기라.

우리는 우리 자신이 직접 원수를 갚으려고 해서는 안 된다. 하나님께서는 우리가 원수에게 보복하는 것을 허락지 않으셨다. 원수 갚는 것은 하나님께 있다. 공의의 심판자이신 그가 우리의 원수를 갚으실 것이다. 그러므로 우리는 원수에게 억울한 일을 당했을 때 직접 보복하려 하지 말고 공의의 하나님께 모든 것을 맡겨야 한다.

하나님의 뜻은 우리가 원수까지도 사랑하고 그들에게 선을 베푸는 것이다. 예수께서도 "너희 원수를 사랑하며 . . . 너희를 미워하는 자에게 선을 베풀라"고 말씀하셨다(마 5:44, 전통본문). 성도가 원수들에게 선을 베풀지만, 만일 그들이 깨닫고 회개치 않는다면 그것은 그들의 머리에 숯불을 쌓는 화가 될 것이다. 우리는 악에게 지지 말고 선으로 악을 이겨야 한다. 우리는 악에게 굴복하지도 말고 또 악으로 악을 갚으려 하지도 말아야 한다. 우리는 선으로 악을 이겨야 한다. 그것은 악한 자들에게 끝까지 선하게 대하는 것을 말한다.

본문의 교훈을 정리해보자. 첫째로, 우리는 우리를 괴롭히는 자들을 미워하거나 저주하지 말고 도리어 축복해야 한다. 14절, "너희를 핍박하는 자를 축복하라. 축복하고 저주하지 말라." 이것은 예수께서 친히 교훈하신 바이다. 마태복음 5:44, "나는 너희에게 이르노니 너희 원수를 사랑하며 너희를 저주하는 자들을 축복하며 너희를 미워하는 자들에게 선을 베풀며 너희를 모욕하고 너희를 핍박하는 자를 위하여 기도하라." 우리는 하나님과 원수 되었던 우리가 그의 긍휼로 구원 얻었음을 기억하고, 원수들을 미워하거나 저주하지 말고 도리어 축복해야 한다.

둘째로, 우리는 우리의 생각을 낮추고 서로를 향해 겸손히 처신해야 하고 스스로 지혜롭다고 생각지 말아야 한다. 우리는 즐거워하는 자들과 함께 즐거워하고, 우는 자들과 함께 울고, 교우들과 생각을 같이하며 높은 마음을 품지 말고 겸손한 마음을 가지고 낮은 자들과 함께 어울리고 스스로 지혜롭다고 생각지 말아야 한다(15-16절). 우리는 모든 사람에게 선을 베풀고 또 할 수 있는 대로 모든 사람과 화목해야 한다(18절).

셋째로, 우리는 악을 악으로 갚지 말고 선으로 악을 이겨야 한다. 19절, "내 사랑하는 자들아, 너희가 친히 원수를 갚지 말고 진노하심에 맡기라." 21절, "악에게 지지 말고 선으로 악을 이기라." 원수 갚는 것, 즉 공의의 보응은 하나님께서 하실 일이다. 우리의 의무는 오직 모든 사람에게 선을 베푸는 것이다. 하나님께서 우리가 그에게 원수 되었고 악을 행했을 때 우리를 사랑하셨고 용서하셨으므로(롬 5:8, 10) 우리는 단지 우리의 원수들에게 선을 베풀고 선으로 악을 이겨야 할 의무가 있다.

13장: 사회적 의무, 이웃 사랑, 빛의 생활

〔1절〕 **각 사람은 위에 있는 권세들에게 굴복[복종]하라. 권세는 하나님께로 나지 않음이 없나니 모든[존재하는] 권세는 다 하나님의 정하신 바라.**

'위에 있는 권세들'은 국가의 통치자들을 말한다. 성도들은 국가의 통치자들에게 복종해야 하는 사회적 의무도 가진다. 그 이유는 국가의 통치자들의 권세가 하나님께로부터 나왔기 때문이다. 하나님께서는 사회의 질서와 안정을 위하여 그들을 세우셨다. 악한 정부라도 무정부상태보다는 낫다. 디도서 3:1, "정사(政事)와 권세 잡은 자들에게 복종하며 순종하라." 베드로전서 2:13-14, "인간에 세운 모든 제도를 주를 위하여 순복하되 혹은 위에 있는 왕이나 혹은 악행하는 자를 징벌하고 선행하는 자를 포장하기 위하여 그의 보낸 방백에게 하라."

〔2절〕 **그러므로 권세를 거스리는[거스르는] 자는 하나님의 명을 거스림[거스름]이니 거스리는[거스르는] 자들은 심판[정죄]을 자취하리라.**

성도가 나라의 법을 지키는 것은 하나님의 뜻이다. 국가의 통치자들의 권세를 거스르는 자는 하나님의 명을 거스르는 것이다. 성도는 악한 국가에서라도 나라의 법을 지켜야 한다. 그 법을 거스르는 것은 하나님의 뜻을 거스르는 것이므로 하나님의 정죄를 자취하게 된다.

물론, 이 의무는 하나님의 법에 충돌이 없을 때에만 해당된다. 성도는 하나님의 법에 반대되는 국가의 명령에는 복종할 수 없다. 종교적 의무와 국가적 의무가 충돌할 때 성도는 종교적 의무에 순종해야 한다. 하나님께서는 국가의 통치자들보다 높으시기 때문이다. 성도는 심지어 핍박을 받더라도 하나님의 법을 순종해야 한다. 다니엘의 세 친구들이 풀무불에 던지우면서도 왕이 내린 명령을 거절했던 것처럼, 또 사도들이 매맞고 옥에 갇히면서도, 유대인 공회의 명령을 거절했던 것처럼, 우리는 하나님의 명령을 첫째로 순종해야 한다.

〔3-5절〕 관원들은 선한 일에 대하여 두려움이 되지 않고 악한 일에 대하여 되나니 네가 권세를 두려워하지 아니하려느냐? 선을 행하라. 그리하면 그에게 칭찬을 받으리라. 그는 하나님의 사자가 되어 네게 선을 이루는 자니라. 그러나 네가 악을 행하거든 두려워하라. 그가 공연히 칼을 가지지 아니하였으니 곧 하나님의 사자가 되어 악을 행하는 자에게 진노하심을 위하여 보응하는 자니라. 그러므로 굴복하지 아니할 수 없으니 노를 인하여만 할 것이 아니요 또한 양심을 인하여 할 것이라.

국가의 통치자들은 사회의 질서를 위해 세워진 자들이다. 그들이 악할지라도, 만일 그들이 없다면, 사회는 더욱 혼란해질 것이다. 이런 점에서 국가의 통치자들은 '하나님의 사자'이다. 본장은 그들을 '하나님의 사자'라고 두 번(4절), 하나님의 일꾼이라고 한 번(6절) 부른다.

그들의 임무는 백성들의 선을 격려하고 악을 벌하는 것이다. 그러므로 그들이 선을 행하는 자에게는 두려움이 되지 않으나 악을 행하는 자들에게는 두려움이 된다. 그들은 악을 벌하기 위해 칼을 사용한다. 하나님께서는 그들에게 칼의 권세, 즉 악한 자들을 죽일 수도 있는 권세를 주셨다. 그들은 사회의 질서 유지와 공의의 집행을 위해 극악한 죄인의 사형도 시행할 수 있다. 성도는 그들의 벌이 두려워서 뿐 아니라, 우리 자신의 양심을 인해 그들의 명령에 복종해야 한다.

〔6-7절〕 [이는] 너희가 공세(貢稅)를 바치는 것도 이를 인함이라. [이는] 저희가 하나님의 일꾼이 되어 바로 이 일에 항상 힘쓰느니라[힘씀이니라]. [그러므로](전통사본) 모든 자에게 줄 것을 주되 공세(貢稅)를 받을 자에게 공세를 바치고 국세(國稅) 받을 자에게 국세를 바치고 두려워할 자를 두려워하며 존경할 자를 존경하라.

6절의 '이 일'이란 사회에서 권선징악(勸善懲惡)과 질서 유지의 일을 가리킨다. 국가의 통치자들은 하나님의 일꾼들이며 그들이 바로 이 일을 위하여 힘쓰고 수고하는 것이다. 국민의 세금은 일차적으로 그런 일을 위해 쓰인다. '공세(貢稅)'라는 원어(포로스 φόρος)는 모든 국민에게 부과되는 세금이며, '국세(國稅)'라는 원어(텔로스 τέλος)

는 소득세, 통행세, 관세 같은 것을 가리킨다고 한다(BDAG). 그러므로 성도들은 법에 정한 대로 세금을 내야 한다. 국민이 바치는 세금이 없다면, 국가의 통치자들은 그들에게 주어진 임무를 잘 수행할 수 없을 것이다. 주께서도 "가이사의 것은 가이사에게, 하나님의 것은 하나님께 바치라"고 말씀하셨다(마 22:21). 또 성도들은 그들이 사회에서 두려워할 자를 두려워하고 존경할 자를 존경해야 한다.

〔8절〕피차 사랑의 빚 외에는 아무에게든지 아무 빚도 지지 말라. 남을 사랑하는 자는 율법을 다 이루었느니라.

성도는 또 이웃 사랑을 실천해야 한다. 우리는 남에게 빚을 지지 말아야 하고 부득이 빚을 진 경우는 떼어먹지 말고 반드시 또 먼저 갚아야 한다. 그러나 성도에게 사랑의 빚은 불가피한 일이다. 사랑은 주고받는 것, 어떤 거래 같은 행위가 아니고 그냥 주는 것이다. 그러므로 사랑은 받는 자에게는 언제나 빚이다. 그러나 그 빚은 무거운 짐이 되는 빚은 아니다. 예수 그리스도의 제자인 우리가 그의 명하신 새 계명대로 서로 사랑한다면 우리는 서로 사랑의 빚을 많이 지지 않을 수 없다. 그것이 정상이다. 이웃을 사랑하는 것이 십계명의 정신이다. 이웃을 사랑하는 자는 하나님의 법을 다 이룬 것과 같다.

〔9절〕간음하지 말라, 살인하지 말라, 도적질하지 말라, 탐내지 말라 한 것과 그 외에 다른 계명이 있을지라도 네 이웃을 네 자신과 같이 사랑하라 하신 그 말씀 가운데 다 들었느니라.

간음하지 말라, 살인하지 말라, 도적질하지 말라, 탐내지 말라는 등의 십계명의 말씀들은 네 이웃을 네 몸과 같이 사랑하라는 법 속에 다 들어 있다. 우리가 이웃을 사랑하고 그의 인격과 그의 생명과 그의 순결성과 그의 소유와 그의 명예를 존중하고 또 그의 가족과 자녀들의 행복을 귀하게 여긴다면, 우리는 살인하거나 간음할 수 없고 또 도적질하거나 거짓 증거할 수 없을 것이며, 또 남의 것을 탐내지도 않을 것이다. 사랑하라는 명령 속에 이 모든 내용들이 다 들어 있다.

〔10절〕 **사랑은 이웃에게 악을 행치 아니하나니 그러므로 사랑은 율법의 완성이니라.**

참된 사랑은 거룩한 사랑이다. 그것은 이웃에게 악을 행치 않는다. 그것은 이기적이지 않고 상대방을 배려하며 악을 행치 않는다. 사랑은 율법의 완성이다. 십계명은 우리가 마음을 다하고 성품을 다하고 힘을 다하여 하나님을 사랑하고 우리의 이웃을 우리의 몸같이 사랑하라는 내용으로 요약된다(마 22:37-40). 인간 관계의 계명들은 서로 사랑하라는 말씀 속에 다 들어 있다. 내게 사랑이 있다면, 나를 낳으시고 기르신 부모님을 공경하고 다른 이들의 생명과 정절과 소유물과 명예를 귀히 여길 것이다. 사랑은 이웃에게 악을 행치 않는다.

하나님의 뜻은 우리가 서로 사랑하는 것이다. 성령님의 열매는 사랑이다. 천국은 사랑의 나라이다. 주께서는 땅 위의 교회도 이런 사랑의 모임이 되기를 원하신다. 상대의 마음에 상처를 주지 않고 서로 사랑하며 돌보며 관심을 가지는 인간 관계가 하나님께서 명하시고 우리가 행해야 할 인간 관계이다. 그것이 우리가 천국에서 누릴 인간 관계이며, 우리가 이 세상에서부터 실천해야 할 인간 관계이다.

〔11절〕 **또한 너희가 이 시기를 알거니와 자다가 깰 때가 벌써 되었으니 이는 이제 우리의 구원이 처음 믿을 때보다 가까왔음이니라.**

성도는 또 빛의 생활을 해야 한다. 우리의 구원은 예수님의 재림으로 이루어질 영광의 구원이다. 그 날은 의인의 부활과 변화의 날이다. 그 날에 우리의 몸은 죄성에서 완전히 해방되어질 것이다. 그 날은 우리가 처음 믿을 때보다 더 가까워졌다. 이미 사도 시대에 성도들은 종말 의식을 가지고 있었다. 오늘 우리는 주 예수님의 재림의 때가 더 가깝다고 느껴야 한다. 주께서는 자신의 재림의 징조에 대해 말씀하신 후, 제자들에게 깨어 있으라고 교훈하셨다(마 24:42). 우리는 주님의 재림이 가깝다고 느낄수록 깨어 있어야 한다. 깨어 있다는 것은 경건과 순종의 생활, 믿음과 소망과 사랑의 생활을 가리킨다.

〔12-14절〕밤이 깊고 낮이 가까왔으니 그러므로 우리가 어두움의 일을 벗고 빛의 갑옷을 입자. 낮에와 같이 단정히 행하고 방탕과 술 취하지 말며 음란과 호색하지 말며 쟁투와 시기하지 말고 오직 주 예수 그리스도로 옷 입고 정욕을 위하여 육신의 일을 도모하지 말라.

밤이 깊다는 것은 배교와 불신앙, 부도덕과 죄악의 밤이 깊다는 뜻이며, 낮이 가깝다는 것은 주 예수 그리스도의 재림의 시간이 가깝다는 뜻이다. 그러므로 우리는 어두움의 일을 벗고 빛의 갑옷을 입어야 한다. 어두움의 일은 죄악된 일을 가리키고, 빛의 갑옷은 거룩하고 의롭고 선한 행실을 가리킨다. 성도의 옷을 '갑옷'이라고 표현한 것은 성도가 이 악하고 음란한 세상에서 고난을 각오하고 마귀의 시험들을 이기고 거룩하고 선한 행실로 단장해야 함을 보인다.

낮에는 사람들이 보통 바른 정신으로 일한다. 술 취하면 실수하며 단정함을 잃어버릴 수 있기 때문에, 낮에는 술 취하지 않는다. 사람은 감정이 자극되면 실수하고 범죄하기 쉽다. 그러므로 우리는 방탕하거나 술 취하지 말고 음란하거나 호색하지 말며 다투거나 시기하지 말아야 한다. 이런 것들은 성도로서 합당치 않다.

주 예수 그리스도로 옷 입는다는 것은 예수 그리스도의 대속(代贖)의 의를 믿고 붙들고 그의 성품을 본받고 그의 교훈대로 서로 사랑하는 것을 말한다. 정욕을 위해 육신의 일을 도모하는 것은 죄악된 일을 행하는 것을 말한다. 죄악된 일은 사람의 욕심에서 나온다.

밤이 깊으면 새벽이 가깝듯이, 이 세상에 방탕과 술 취함과 음란과 호색과 시기와 싸움이 많아질수록, 주 예수 그리스도의 재림과 천국은 점점 가깝다. 그러므로 구원 얻은 성도는 모든 어두움의 일들, 곧 방탕과 술 취함과 음란과 다툼의 모든 죄악된 일을 벗어버리고, 굳센 마음으로 빛의 옷, 의의 옷, 곧 예수 그리스도의 성품으로 옷 입어야 한다. 우리는 예수 그리스도를 본받아 경건과 의와 거룩, 그리고 그의 온유와 겸손과 사랑으로 우리의 인격과 삶을 단장해야 한다.

로마서 13장: 사회적 의무, 이웃 사랑, 빛의 생활

본장의 교훈을 정리해보자. 첫째로, 우리는 국가 통치자들에게 복종하고 정해진 세금을 잘 내어야 한다. 우리는 국가 통치자들을 존중하고 그들의 통치에 복종해야 한다. 물론 하나님의 법에 어긋나지 않는 한 그러해야 한다. 그들의 권세는 하나님께서 주신 것이며 그들은 하나님의 일꾼들이기 때문이다. 비록 그들의 잘못된 언행을 비평할 수 있지만, 우리는 사회의 질서와 평안을 위해 그들에게 복종해야 한다. 우리는 또 그들이 직무 수행을 위해 필요한 세금을 잘 내어야 한다. 또 거기에 더하여, 우리는 그들을 위해 기도해야 한다. 디모데전서 2:2, "임금들과 높은 지위에 있는 모든 사람을 위하여 하라[기도하라]. 이는 우리가 모든 경건과 단정한 중에 고요하고 평안한 생활을 하려 함이니라."

둘째로, 우리는 이웃 사랑을 실천해야 한다. 하나님의 뜻은 사랑이다. 우리는 먼저 우리의 마음을 다하고 우리의 성품을 다하고 우리의 힘을 다하여 여호와 하나님을 사랑해야 하고 또한 우리의 이웃을 우리의 몸과 같이 사랑해야 한다. 그것이 십계명의 요점이다. 또 우리는 주 예수께서 주신 새 계명대로 서로 사랑해야 한다. 그것이 하나님의 뜻이며 하나님의 구원의 목적이다. 사랑하는 것이 율법을 이루는 것인 줄 알고, 우리는 서로 사랑하며 이웃을 사랑하고 원수까지 사랑해야 한다.

셋째로, 우리는 어두움의 일들을 벗어버리고 빛의 옷을 입어야 한다. 어두움의 일들이란 방탕과 술 취함, 음란과 호색, 다툼과 시기 등 죄악된 일들을 가리킨다. 그것은 그리스도인이 구원 얻기 전의 삶, 즉 우리의 옛 사람의 모습이며, 죄악된 세상에 속한 사람들의 모습이기도 하다. 우리는 그런 죄악된 일들을 다 벗어버리고 육신의 죄성과 욕심을 따라 살지 말아야 한다. 그 대신, 우리는 빛의 옷, 곧 예수 그리스도의 거룩한 형상의 옷을 입어야 한다. 그것은 의와 거룩, 선과 사랑의 인격과 삶을 가리킨다. 그것은 하나님의 본래의 형상의 회복이다. 하나님의 구원은 우리를 죄인의 신분과 상태로부터 의인의 신분과 상태로 건져내시는 것이다. 구원의 목표는 거룩이다. 우리는 거룩한 삶을 실천해야 한다.

14장: 서로 덕을 세우라

〔1-4절〕 믿음이 연약한 자를 너희가 받되 그의 의심하는 바를 비판하지 말라. 어떤 사람은 모든 것을 먹을 만한 믿음이 있고 연약한 자는 채소를 먹느니라. 먹는 자는 먹지 않는 자를 업신여기지 말고 먹지 못하는 자는 먹는 자를 판단하지 말라. 이는 하나님이[께서] 저를 받으셨음이니라. 남의 하인을 판단하는 너는 누구뇨? 그 섰는 것이나 넘어지는 것이 제 주인에게 있으매 저가 세움을 받으리니 이는 저를 세우시는 권능이 주께[하나님께](전통본문)18) 있음이니라.

주후 49년경, 이방인 신자들에게 할례를 받게 하고 율법을 지키게 해야 하는가라는 문제로 예루살렘에서 회의가 열려 오랫동안 토론한 후 이방인 신자들을 괴롭게 하지 말고 단지 우상 제물과 피와 목매어 죽인 것과 음행을 멀리하게 하자고 결정하였었다(행 15장).

로마서는 주후 56년경에 쓰였다고 보는데, 예루살렘 회의의 결정이 소아시아와 마게도냐와 아가야 지역의 교회들에 알려졌지만 멀리 로마 교회 안에는 음식과 절기 법에 대해 아직 지식과 믿음이 없는 자들이 있었다. 연약한 자들은 옛 습관에 젖어 거기에서 자유하지 못하였다. 이 문제에 대해, 사도 바울은 믿음이 연약한 자들을 용납하고 그의 의심하는 바를 비판하지 말라고 가르친 것이라고 본다.

신앙 문제에 있어서, 성경에 명료하게 계시된 진리들이 있고 그렇지 않은 문제들이 있다. 분명한 진리들에 대해서는 다른 생각을 용납해서는 안 될 것이다. 그러나 분명하지 않은 문제들에 대해서는, 진리의 지식과 믿음의 정도에 따라 사람마다 이해하는 데 차이가 있을 수 있다. 이때 믿음이 있는 자들은 믿음이 연약한 자들을 정죄하지 말고 그들을 포용하고 바른 지식에 이르도록 도와주어야 할 것이다.

---

18) Byz it^d vg 오리겐^{lat} 키푸리안 등이 그러함.

우리는 특히 음식 문제에 있어서 믿음이 연약한 자들을 업신여기거나 판단하지 말아야 한다. 왜냐하면 하나님께서 그들을 다 받으셨기 때문이다. 하나님께서 그들을 받으셨다면 우리도 그들을 받아야 할 것이다. 모든 성도는 하나님의 종이며 하나님께서는 그들의 주님이시기 때문에, 우리가 믿음이 약한 자들을 판단하는 것은 합당치 않다. 그들의 서고 넘어짐이 그 주인이신 하나님께 있고, 그들이 넘어진다 할지라도 그들을 세우실 능력이 하나님께 있다. 그러므로 우리는 연약한 형제의 부족을 판단하지 말고 오직 하나님께 맡겨야 한다.

[5-8절] 혹은 이 날을 저 날보다 낫게 여기고 혹은 모든 날을 같게 여기나니 각각 자기 마음에 확정할지니라. 날을 중히 여기는 자도 주를 위하여 중히 여기고 [날을 중히 여기지 않는 자도 주를 위하여 중히 여기지 않고](전통사본)19) 먹는 자도 주를 위하여 먹으니 이는 하나님께 감사함이요 먹지 않는 자도 주를 위하여 먹지 아니하며 하나님께 감사하느니라. 우리 중에 누구든지 자기를 위하여 사는 자가 없고 자기를 위하여 죽는 자도 없도다. [이는] 우리가 살아도 주를 위하여 살고 죽어도 주를 위하여 죽나니 그러므로 사나 죽으나 우리가 주의 것이로라[것임이로라].

음식 문제뿐 아니라 절기 문제도 그렇다. 어떤 이들은 구약의 율법대로 절기들을 지키기를 원하였다. 그러나 실상 그런 의식법은 그리스도 안에서 성취되었다. 그러므로 사도 바울은 골로새서 2:16-17에서, "그러므로 먹고 마시는 것과 절기나 월삭이나 안식일을 인하여 누구든지 너희를 판단하지 못하게 하라. 이것들은 장래 일의 그림자이나 몸은 그리스도의 것이니라"고 말했다. 그러나 그는 본질적이지 않은 문제와 불명료한 문제에 대해 우리가 각각 개인적 확신을 가져야 한다고 오늘 본문에서 교훈하였다고 본다. 22절에서도 그는 "네게 있는 믿음을 하나님 앞에서 스스로 가지고 있으라. 자기의 옳다 하는 바로 자기를 책하지 아니하는 자는 복이 있도다"라고 말하였다.

---

19) Byz syr 등에 있음.

주 예수 그리스도의 대속(代贖)의 의(義)를 믿어 구원 얻은 사람이라면 누구나 주님을 위하여 살 것이다. 음식과 절기에 대한 개인적 확신이 어떠하든지 간에, 그들은 다 주님을 위해 사는 자들이다. 구원 얻은 성도들은 자기를 위해 살지 않고 오직 주 예수님을 위해 산다. 피조물들이 창조주를 위해 사는 것은 당연하다. 더욱이, 주 예수님의 대속 사역으로 구원 얻은 우리는 주님을 위해 살아야 마땅하다. 성도들의 삶의 목표와 죽음의 목표는 우리 자신이 아니고 오직 하나님이다. 우리는 하나님을 위해 살고 그를 위해 죽는다. 사도 바울은 고린도후서 5:15에서도, "저가 모든 사람을 대신하여 죽으심은 산 자들로 하여금 다시는 저희 자신을 위하여 살지 않고 오직 저희를 대신하여 죽었다가 다시 사신 자를 위하여 살게 하려 함이니라"고 말했다.

〔9절〕 이를 위하여 그리스도께서 죽었다가 다시 살으셨으니 곧 죽은 자와 산 자의 주개[주님이] 되려 하심이니라.

예수 그리스도께서는 죽으셨다가 다시 살아나셨다. 그의 부활은 확실한 사실이다. 그는 죽으셨다가 다시 사심으로 주님과 그리스도로 확증되셨고 이제 산 자와 죽은 자의 주님이 되셨다. 그러므로 우리는 살든지 죽든지 그를 위하는 자가 되어야 한다. 성도는 살든지 죽든지 그를 위해야 한다. 우리가 죽음도 두려워하지 않는 것은 그가 다시 사신 것처럼 우리도 마지막 날 다시 살 것을 믿기 때문이다.

〔10-12절〕 네가 어찌하여 네 형제를 판단하느뇨? 어찌하여 네 형제를 업신여기느뇨? 우리가 다 하나님[그리스도](전통본문)[20]의 심판대 앞에 서리라. 기록되었으되 주께서 가라사대[말씀하시기를] 내가 살았노니 모든 무릎이 내게 꿇을 것이요 모든 혀가 하나님께 자백하리라 하였느니라(사 45:23). 이러므로 우리 각인이 자기 일을 하나님께 직고(直告)하리라[아뢰리라].

하나님께서는 우리 모두의 주님이시요 우리는 다 그의 종이다. 그

---

20) Byz vg^{cd} syr^p arm^{ms} 폴리캅 오리겐$^{lat-1/6}$ 키푸리안 등이 그러함.

러므로 우리는 서로를 판단치 말고 주 하나님께 맡겨야 한다. 우리는 다 하나님의 심판대, 곧 예수 그리스도의 심판대 앞에 서게 될 것이다(고후 5:10). 하나님께서는 심판을 다 아들에게 맡기셨기 때문이다(요 5:22). 그때 우리는 하나님께 모든 것을 아뢰게 될 것이다. 그러므로 우리는 연약한 형제들을 용납하고 그들을 판단하지 말아야 한다.

[13-14절] 그런즉 우리가 다시는 서로 판단하지 말고 도리어 부딪힐 것이나 거칠 것으로 형제 앞에 두지 아니할 것을 주의하라. 내가 주 예수[님] 안에서 알고 확신하는 것은 무엇이든지 스스로 속된[더러운] 것이 없으되 다만 속되게[더럽게] 여기는 그 사람에게는 속되니라[더러우니라].

우리는 믿음이 약한 자를 용납할 뿐만 아니라, 또한 다른 형제에게 부딪힐 것이나 거칠 것을 두지 않도록 조심해야 한다. 이것이 사랑으로 행하는 태도이다. 우리가 상대방을 사랑한다면 그에게 시험거리가 되는 일을 하지 않아야 한다. 사도 바울은 먹는 문제에 관해 무엇이든지 스스로 더러운 것이 없고 더럽게 여기는 그 사람에게 그것이 더럽다고 말하였다. 그는 디모데전서 4:4에서 "하나님의 지으신 모든 것이 선하매 감사함으로 받으면 버릴 것이 없다"고 말했다. 그러나 거리낌으로 먹는 음식은 사람의 양심을 더럽게 만든다.

[15-16절] 만일 식물을 인하여 네 형제가 근심하게 되면 이는 네가 사랑으로 행치 아니함이라. 그리스도께서 대신하여 죽으신 형제를 네 식물로 망케 하지 말라. 그러므로 너희의 선한 것이 비방을 받지 않게 하라.

음식 자체가 더럽지는 않지만, 우리가 사랑이 없이 지식만 가지고 어떤 음식을 먹음으로 믿음 약한 형제를 근심케 하는 것은 좋지 않다. 예수께서 믿음 약한 자를 위해서도 죽으셨으므로 우리는 음식 때문에 믿음 약한 자의 마음에 시험이 되지 않도록 주의해야 한다. 그러므로 우리는 선한 일을 하되 남에게 오해나 상함이나 거리낌을 주지 않으면서 해야 한다. 아무리 좋은 일이라도 사랑으로 해야 한다.

[17-18절] [이는] 하나님의 나라는 먹는 것과 마시는 것이 아니요 오직

성령[님] 안에서 의와 평강과 희락이라[기쁨임이라]. 이로써 그리스도를 섬기는 자는 하나님께 기뻐하심을 받으며 사람에게도 칭찬[인정]을 받느니라.

천국에서는 먹는 것과 마시는 것이 중요하지 않고 오직 성령님 안에서 의와 평안과 기쁨이 중요하다. 구원 얻은 성도는 성령님의 활동으로 지금 이것들을 어느 정도 맛보다가 장차 천국에서 충만히 누릴 것이다. 구원 얻은 성도는 죄사함과 의롭다 하심을 얻었고 실제로 의롭게 살다가 천국에 들어간다(롬 6:19, 22). 또 예수께서는 세상이 주는 것과 다른 평안을 제자들에게 주셨다(요 14:27). 평안의 주께서는 친히 때마다 일마다 우리에게 평안을 주신다(살후 3:16). 또한 성도들은 주님 안에서 항상 기뻐할 수 있고 또 기뻐해야 한다(살전 5:16). 기쁨은 성령님의 열매이다(갈 5:22). 우리는 세상에서도 천국의 복을 조금 맛본다. 또 의와 평안과 기쁨을 가지고 예수 그리스도를 섬기는 자는 하나님께서도 기뻐하시고 사람들에게도 칭찬을 받을 것이다.

〔19-21절〕 **이러므로 우리가 화평의 일과 서로 덕을 세우는 일을 힘쓰나니[힘쓰자](전통본문).21) 식물을 인하여 하나님의 사업을 무너지게 말라. 만물이 다 정하되[깨끗하되] 거리낌으로[남에게 거리낌을 주면서](NASB, NIV) 먹는 사람에게는 악하니라. 고기도 먹지 아니하고 포도주도 마시지 아니하고 무엇이든지 네 형제로 거리끼게 하는[하거나 마음을 상하게 하거나 약하게 하는](전통본문)22) 일을 아니함이 아름다우니라.**

'덕을 세운다'(건덕, 健德)는 말은 다른 이들에게 유익을 주는 것을 말한다. 우리는 서로 화목하며 다른 사람에게 영적 유익을 주는 교제를 나누어야 한다. 우리는 먹는 문제로 하나님의 일 즉 영혼 구원과 참된 교회 건립의 일을 무너지게 해서는 안 된다. 모든 음식은 다 깨끗하지만, 남에게 거리낌을 주면서 먹는 자에게는 악하다. 그러므로 우리는 상대에게 거리낌을 줌으로써 그를 범죄케 해서는 안 된다. 이

---

21) Byz C it^d vg cop^{sa} ^{bo} arm 오리겐^{lat} 등이 그러함.
22) Byz B it^d vg cop^{sa} arm 등에 있음.

것이 사랑과 건덕(建德)이다. 이런 정신에서 사도 바울은 고린도전서 8:13에서 "만일 식물이 내 형제로 실족케 하면 나는 영원히 고기를 먹지 아니하여 내 형제를 실족치 않게 하리라"고 말하였었다.

[22-23절] 네게 있는 믿음을 하나님 앞에서 스스로 가지고 있으라. 자기의 옳다 하는 바로 자기를 책하지 아니하는 자는 복이 있도다. 의심하고 먹는 자는 정죄되었나니 이는 믿음으로 좇아 하지 아니한 연고라. 믿음으로 좇아 하지 아니하는 모든 것이 죄니라. (전통사본에는 롬 16:15-17이 있음.)

우리는 신앙에 본질적이지 않은, 중요하지 않고 지엽적인 문제들에 대해 개인적 확신을 가지고 있어야 하며, 그래서 거리낌으로 행하지 말고 믿음으로 행해야 한다. 믿음으로 행치 않고 거리낌으로 음식을 먹는 자는 범죄하게 된다. 믿음으로 하지 않는 모든 것이 죄가 된다. 그러므로 우리는 범사에 개인적 확신을 가지고 행해야 한다.

본문의 교훈을 정리해보자. 첫째로, 우리는 믿음이 약한 자들을 비평하지 말고 용납해야 한다(1-3절). 우리는 신앙의 본질적인 문제들, 즉 하나님과 그리스도와 구원 등에 관한 교리들은 분명하고 일치된 생각을 가져야 하지만, 비본질적 문제들은 생각이 다를지라도 하나님께서 그들을 받으신 줄 알고 그들을 정죄하지 말고 받아들여야 한다.

둘째로, 우리는 신앙의 모든 문제에 대해, 특히 비본질적 문제들에 대해 개인적 생각과 확신을 가져야 한다. 5절, "각각 자기 마음에 확정할지니라." 22절, "네게 있는 믿음을 하나님 앞에서 스스로 가지고 있으라. 자기의 옳다 하는 바로 자기를 책하지 아니하는 자는 복이 있도다."

셋째로, 우리의 삶과 죽음의 목표는 오직 하나님과 그의 영광이어야 한다(7-8절). 우리는 우리 자신이나 세상을 위해 살지 말고 오직 하나님과 그의 영광과 그의 나라와 그의 교회를 위해 살고 죽어야 한다.

넷째로, 우리는 화목의 일과 서로 덕을 세우는 일을 힘써야 한다(19절). 우리는 서로 화목하고 사이좋게 지내야 하고 다른 이들의 믿음을 허물거나 약하게 하지 말고 그들에게 유익을 주는 자가 되어야 한다.

15장: 사도 바울의 전도 사역

1-13절, 서로 받으라

〔1-2절〕 우리 강한 자가 마땅히 연약한 자의 약점을 담당하고 자기를 기쁘게 하지 아니할 것이라. 우리 각 사람이 이웃을 기쁘게 하되 선을 이루고 [그의 유익을 위하고] 덕을 세우도록 할지니라.

'강한 자'는 진리의 분명한 지식과 믿음이 있는 자를 말하고, '연약한 자'는 분명한 지식과 믿음이 없는 자를 말한다고 본다. '연약한 자의 약점'은 마음의 의심과 거리낌, 불안과 걱정, 잘못된 생각 등을 가리킬 것이다. 교회에는 진리의 분명한 지식과 믿음이 없는 자들이 있기 때문에, 분명한 지식과 믿음이 있는 자는 자기를 기쁘게 하지 말고 분명한 지식과 믿음이 없는 자를 비난하거나 정죄하지 말고 그를 품어주어야 한다는 뜻이라고 본다. 우리는 이웃의 유익을 위해 말하고 행동해야 한다. 이것이 사랑이며 선이고 덕을 세우는 것이다.

〔3절〕 그리스도께서 자기를 기쁘게 하지 아니하셨나니 기록된 바 주를 비방하는 자들의 비방이 내게 미쳤나이다 함과 같으니라.

예수 그리스도께서는 이 일에 있어서 우리의 모범이 되셨다. 그는 자신을 기쁘게 하지 않으셨다. 그는 사람들의 비방을 받으셨고 마침내 십자가에 못박혀 죽으셨다. 그는 자기 목숨을 많은 사람의 대속물로 주러 오셨다고 말씀하신 대로(마 20:28) 자신을 기쁘게 하기 위해 살지 않으셨고 우리의 구원을 위해 사셨다. 그의 발자취는 우리에게 본이 된다. 우리는 그의 발자취를 따라야 한다.

〔4절〕 무엇이든지 전에 기록한 바는 우리의 교훈을 위하여 기록된 것이니 우리로 하여금 인내로 또는 성경의 안위로 소망을 가지게 함이니라.

구약시대에 유다 왕 다윗은 사람들에게 비방받는 것을 체험했고 그것은 메시아께서 당하실 고난의 예표가 되었다. 이와 같이, 하나님께서 이런 일들을 성경에 기록하게 하신 것은 우리의 교훈을 위해서이다. 성경은 우리로 하여금 예수 그리스도를 믿고 구원 얻게 하는데 일차적 목적이 있지만, 그것은 또한 구원 얻은 우리에게 인내와위로로 소망을 가지게 하려는 목적도 있다. 성도들은 세상에서 고난의 긴 세월을 통과한다. 하나님께서는 일들을 조급하게 행하지 않으신다. 우리는 고난의 현실 속에서 성경의 교훈을 통해 하나님의 인내와 위로를 얻고 소망을 가지게 된다. 소망은 하나님의 약속하신 것을소망하는 것이다. 오늘 우리에게는 주 예수 그리스도의 재림과 죽은성도들의 복된 부활과 천국과 영생이 소망의 중요한 내용들이다.

〔5-7절〕이제 인내와 안위[위로]의 하나님이[께서] 너희로 그리스도 예수를 본받아 서로 뜻이 같게 하여 주사 한 마음과 한 입으로 하나님 곧 우리 주 예수 그리스도의 아버지께 영광을 돌리게 하려 하노라[돌리게 하시기를 원하노라]. 이러므로 그리스도께서 우리를 받아 하나님께 영광을 돌리심과 같이 너희도 서로 받으라.

하나님께서는 인내와 위로의 하나님이시다. 그는 오래 참으시는하나님이시며 우리에게 인내를 교훈하시는 자이시다. 또 그는 위로의 하나님, 즉 고난의 세상을 사는 우리를 위로하시는 하나님이시다.우리는 하나님께서 주시는 인내심과 위로로 힘을 내어 예수 그리스도를 본받아서 서로 뜻을 같이하고 한 마음과 한 입으로 하나님 곧우리 주 예수 그리스도의 아버지께 영광을 돌려야 한다. 예수께서는오래 참으시고 십자가를 지셨고 우리를 위해 고난을 받으시고 죽으셨다. 그러나 그는 삼일 만에 부활하셨고 40일 후에 승천하셨다. 사랑은 서로 생각을 같이하는 것이다. 사랑은 서로 받는 것, 즉 서로 영접하는 것이며 상대를 기쁘게 하고 그에게 유익을 주는 것이다.

교회의 일치는 단지 외형적 일치가 아니고, 생각과 사상의 일치이어야 한다. 교인들의 생각과 뜻이 하나가 되는 것이 진정한 일치이다(고전 1:10). 그것은 예수 그리스도 안에서와 하나님의 진리 안에서만 가능한 일치이다. 우리가 과거에 여러 면에서 부족한 죄인들이었을 때 그리스도께서 우리를 용납하셔서 구원하심과 같이, 우리도 부족들과 약점들을 가진 형제들을 용납하고 서로 받아야 한다. 우리가 성경의 본질적 교리들에서 이탈한 이단들을 용납해서는 안 되지만, 우리는 어떤 비본질적 문제들과 특히 지엽적인 문제들에 있어서 믿음이 연약한 형제들을 용납해야 하고 또 그들이 진리의 바른 이해와 지식에 도달하도록 기도하고 인내하며 노력해야 한다.

〔8-12절〕 **내가 말하노니 그리스도께서 하나님의 진실하심을 위하여 할례의 수종자가 되셨으니 이는 조상들에게** 주신 **약속들을 견고케 하시고 이방인으로 그 긍휼하심을 인하여 하나님께 영광을 돌리게 하려 하심이라. 기록된 바 이러므로 내가 열방 중에서 주께 감사하고 주의 이름을 찬송하리로다 함과 같으니라. 또 가로되 열방들아, 주의 백성과 함께 즐거워하라 하였으며 또 모든 열방들아, 주를 찬양하며 모든 백성들아, 저를 찬송하라 하였으며 또 이사야가 가로되 이새의 뿌리 곧 열방을 다스리기 위하여 일어나시는 이가 있으리니 열방이 그에게 소망을 두리라 하였느니라.**

예수 그리스도께서는 할례를 받으실 필요가 없으셨으나 조상들에게 주신 하나님의 약속을 견고케 하시고 특히 할례 없는 이방인들에게 하나님의 긍휼을 증거하시기 위해 할례를 받으셨다. 이방인들은 할례 없는 자 즉 하나님의 언약에서 제외된 자들, 정죄된 자들이었으나 예수 그리스도께서 그들을 위해 속죄의 피를 흘리심으로 하나님의 크신 긍휼을 입게 되었다. 사도 바울은 열방들의 구원과 감사의 찬송에 대한 구약성경의 예언들을 인용하였다(시 18:49; 신 32:43; 시 117:1; 사 11:10). 우리는 주 예수 그리스도의 속죄의 피로 인해 그를 믿음으로 구원함과 죄 용서함을 받았고 하나님의 받으신 바가 되었다. 그러므로 할례 받을 필요가 없는 그가 할례의 수종자가 되셨듯이, 우리도 다른 이의 유익을 위해서라면 자신을 낮추고 오래 참고 서로 용납해야 하며, 신앙고백에 있어서 하나가 될 수 있어야 한다.

〔13절〕 소망의 하나님이[께서] 모든 기쁨과 평강을 믿음 안에서 너희에게 충만케 하사 성령[님]의 능력으로 소망이 넘치게 하시기를 원하노라.

하나님께서는 소망의 하나님이시다. 그는 예수 그리스도의 재림과 죽은 성도들의 복된 부활과 천국과 영생을 약속하셨다. 그것은 모든 성도들의 소망의 주요 내용이다. 그러나 성도들은 미래를 소망할 뿐만 아니라, 또한 현재 믿음 안에서 풍성한 기쁨과 평안을 누린다. 또 하나님께서는 세상에 이런 복을 주시기 위하여 성령님을 위로자와 격려자로 우리 속에 보내주셨다. 믿음과 기쁨과 평안과 소망의 충만--이것이 구원 얻은 성도들의 정상적인 삶의 모습이다.

본문의 교훈을 정리해보자. 첫째로, 우리는 연약한 교우들의 약점을 품어주며 예수 그리스도를 본받아 서로 영접해야 한다. 1-2절, "우리 강한 자가 마땅히 연약한 자의 약점을 담당하고 자기를 기쁘게 하지 아니할 것이라. 우리 각 사람이 이웃을 기쁘게 하되 그의 유익을 위하고 덕을 세우도록 할지니라." 7절, "그리스도께서 우리를 받아 하나님께 영광을 돌리심과 같이 너희도 서로 받으라." 주 예수 그리스도께서는 십자가에 달려 죽으심으로 우리 같은 이방인들, 죄 가운데서 방황했던 자들의 죄를 구속(救贖)하셨다. 우리는 주 예수 그리스도를 본받아 분명한 지식과 믿음이 없는 자들을 사랑하며 오래 참고 서로 영접해야 한다.

둘째로, 우리는 하나님께서 주시는 인내와 위로, 기쁨과 평안 가운데 소망을 굳건히 가져야 한다. 4절, "인내로 또는 성경의 위로로 소망을 가지게 함이니라." 5절, "인내와 위로의 하나님." 13절, "소망의 하나님께서 모든 기쁨과 평안을 믿음 안에서 너희에게 충만케 하사 성령님의 능력으로 소망이 넘치게 하시기를 원하노라." 우리는 세상 사는 동안 예수 그리스도를 믿는 믿음 안에서 인내와 위로, 기쁨과 평안의 충만함을 얻고 또 성령님의 능력으로 소망을 굳게 가지고 주 예수 그리스도의 재림과 성도들의 복된 부활과 영광스런 천국과 영생을 소망해야 한다.

14-33절, 사도 바울의 전도 사역

〔14-16절〕 **내 형제들아, 너희가 스스로 선함이 가득하고 모든 지식이 차서 능히 서로 권하는 자임을 나도 확신하노라. 그러나 내가 너희로 다시 생각나게 하려고 하나님께서 내게 주신 은혜를 인하여 더욱 담대히 대강 너희에게 썼노니** 이 은혜는 곧 나로 이방인을 위하여 그리스도 예수의 일군[일꾼]이 되어 하나님의 복음의 제사장 직무를 하게 하사 이방인을 제물로 드리는 그것이 성령[님] 안에서 거룩하게 되어 받으심직하게 하려 하심이라.

사도 바울은 로마 교회의 성도들을 "내 형제들아"라고 겸손하게 부르며 그들이 선함이 가득하고 모든 지식, 즉 복음과 진리의 지식이 차서 서로 권할 수 있는 자들임을 확신한다고 말했다. 또 그는 그들이 복음에 대해 이미 알고 있다고 생각하지만, 그들에게 다시 생각나게 하려고 하나님께서 그에게 주신 은혜 즉 사도의 직무를 따라 담대하게 몇 마디를 썼다고 겸손하게 표현했다. 우리는 이미 많은 것을 배웠을지라도 아는 것을 다시 복습하는 마음으로 겸손히 서로 권면하고 또 권면을 듣고 받아야 할 것이다.

또 모든 성도가 다 제사장이지만(벧전 2:5, 9) 이방인들의 사도인 바울은 특히 자신을 이방인들을 하나님께 제물로 드리는 제사장이라고 말하며 영혼을 구원하는 이 일이 성령님 안에서 거룩하게 하나님께 드려지는 일이 되기를 원한다. 전도와 구원은 성령님의 사역이다.

〔17-18절〕 **그러므로 내가 그리스도 예수 안에서 하나님의 일에 대하여 자랑하는 것이 있거니와 그리스도께서 이방인들을 순종케 하기 위하여 나로 말미암아 말과 일이며 표적과 기사의 능력이며 성령[님]의 능력으로 역사하신[일하신] 것 외에는 내가 감히 말하지 아니하노라.**

사도 바울의 선도 사역은 예수 그리스도 안에서 행해진 하나님의 일이었다. 주 예수 그리스도께서는 사도 바울을 통해 일하셨다. 또 그 목적은 이방인들을 순종케 하기 위함이며 그것이 구원이다. 로마서 1:5, "그로 말미암아 우리가 은혜와 사도의 직분을 받아 그 이름을 위하여 모든 이방인 중에서 믿어 순종케 하나니." 믿음은 마음의 순종이며(롬 6:17) 참으로 믿은 자들은 성경의 교훈들에 순종할 것이다.

예수 그리스도께서는 사도 바울의 전도 사역에 함께 일하셨다. 그는 바울을 통해 말과 일로, 표적과 기사의 능력과 성령님의 능력으로 일하셨다. 복음이 말로만 전파되지 않고 성령님의 능력으로 확증된 것은 감사한 일이었다. 오늘날도 성령께서는 성경말씀 안에서 또 그 말씀과 함께 활동하신다. 기적들은 교회 안에서 오래 전에 사라졌을지라도 사람들의 심령 속에서 일어나는 기적적 변화는 교회 역사상 항상 있었다. 교회 확장의 역사는 이런 내면적 기적들의 역사이었다. 우리는 성령님의 활동으로 죄인이 거듭나는 일과 인격적으로 성화되고 성숙되는 일을 중요하게 여기며 사모하며 기도해야 한다.

〔19-21절〕 이 일로 인하여 내가 예루살렘으로부터 두루 행하여 일루리곤까지 그리스도의 복음을 편만하게 전하였노라. 또 내가 그리스도의 이름을 부르는 곳에는 복음을 전하지 않기로 힘썼노니 이는 남의 터 위에 건축하지 아니하려 함이라. 기록된 바 주[님]의 소식을 받지 못한 자들이 볼 것이요 듣지 못한 자들이 깨달으리라 함과 같으니라.

일루리곤은 마게도냐와 아가야의 북서쪽 해안 지방이며 그 서쪽 바다 건너편에 로마가 있었다. 수리아 안디옥 교회에서 파송을 받아 전도 활동을 시작했던 바울은 소아시아는 물론, 마게도냐와 아가야 지방에, 또 그 지방의 북서쪽 해안에까지 하나님의 복음을 충만하게 전파했던 것이다. 바울은 복음이 이미 들어간 지역은 피하고 복음이 전혀 들어가지 않은 곳을 찾아 개척 전도에 힘썼다. 바울의 전도의 열심과 개척 정신은 오늘날 모든 전도자들에게 본이 된다. 교회는 힘을 다해 예수 그리스도의 복음을 전해야 하고 특히 이 복음이 전혀 들어가지 않은 곳들에 전도자들을 파송해야 할 것이다.

〔22-24절〕 그러므로 또한 내가 너희에게 가려 하던 것이 여러 번 막혔더니 이제는 이 지방에 일할 곳이 없고 또 여러 해 전부터 언제든지 (서바나

로 갈 때에) 너희에게 가려는 원이 있었으니 [내가 언제든지 서바나로 갈 때에 너희에게 가리라](전통사본). **이는 지나가는 길에 너희를 보고 먼저 너희와** 교제하여 **약간 만족을 받은 후에 너희의 그리로 보내줌을 바람이라.**

바울은 로마로 가려고 소원하였지만, 그의 소원은 여러 번 좌절되었다. 아직 하나님의 때가 되지 않았던 것이다. 하나님의 일을 할 때 여러 번 길이 막힐 때도 있을 것이다. 그러나 우리는 우리의 소원이 성경적이고 우리의 이성의 건전한 판단에 따른 것일진대, 낙심치 말고 하나님의 때를 기다려야 한다. 바울은 하나님의 때를 기다리며 그의 처한 일터에서 최선을 다하였다. 자기의 작은 일을 등한히 하며 다른 큰 일만을 꿈꾸는 자는 어리석은 자이다. 자기에게 맡겨진 작은 일에 충성하는 자에게 큰 일이 맡겨질 것이다. 우리는 우리의 일하는 곳에서 최선을 다하는 자가 되어야 한다. 사도 바울의 미래의 전도 계획은 로마를 거쳐 당시의 세계의 서쪽 끝인 서바나 곧 스페인까지 가는 것이었다. 이것이 그의 소원이었고 그의 사명의 계획이었다. 그는 로마의 성도들과 교제를 나누며 힘을 얻은 후에 서바나로 가기를 원했다. 성도의 교제는 전도자들에게 위로와 힘이 될 것이다.

〔25-27절〕그러나 이제는 내가 성도를 섬기는 일로 예루살렘에 가노니 이는 마게도냐와 아가야 사람들이 예루살렘 성도 중 가난한 자들을 위하여 기쁘게 얼마를 동정하였음이라. 저희가 기뻐서 하였거니와 또한 저희는 그들에게 빚진 자니 만일 이방인들이 그들의 신령한 것을 나눠가졌으면 육신의 것으로 그들을 섬기는 것이 마땅하니라.

사도 바울에게는 전도가 가장 중요한 일이지만, 구제도 중요하였다. 그것은 선한 열매가 되기 때문이었다. 성도의 구제 헌금은 그의 믿음과 사랑의 진실함을 증명한다. 우리가 참으로 주님을 사랑한다면, 그것은 말의 고백뿐 아니라, 시간과 수고와 돈도 포함할 것이다. 마게도냐와 아가야 교인들은 즐거운 마음으로 예루살렘 성의 가난한 성도들 돕기를 원했다. 실상, 이방인 교회들은 유대인 교회에 빚진 자이었다. 이방인들은 유대인들을 통해 구원의 복을 받았다. 그러므로 유대인 교회가 어려울 때 이방인 교회들이 물질로 그들을 돕는 것은 당연한 일일 것이다. 구원의 가치는 물질보다 비교할 수 없이 크다.

〔28-29절〕 그러므로 내가 이 일을 마치고 이 열매를 저희에게 확증한 후에 너희에게를 지나 서바나로 가리라. 내가 너희에게 나갈 때에 그리스도의 [복음의](전통사본)[23] 충만한 축복[복]을 가지고 갈 줄을 아노라.

바울은 마게도냐와 아가야 성도들의 구제 헌금을 가지고 예루살렘으로 올라가고 있었다. 그는 그들의 사랑의 열매인 구제 헌금을 예루살렘 교인들에게 전달하고 성도들의 사랑을 확증한 후 로마를 지나 서바나로 가려고 계획하였다. 그때 그는 로마 교인들에게 충만한 복, 곧 말씀의 풍성한 복을 가지고 갈 것을 확신하였다.

〔30-33절〕 형제들아, 내가 우리 주 예수 그리스도로 말미암고 성령[님]의 사랑으로 말미암아 너희를 권하노니 너희 기도에 나와 힘을 같이하여 나를 위하여 하나님께 빌어 나로 유대에 순종치 아니하는 자들에게서 구원을 받게 하고 또 예루살렘에 대한 나의 섬기는 일을 성도들이 받음직하게 하고 나로 하나님의 뜻을 좇아 기쁨으로 너희에게 나아가 너희와 함께 편히 쉬게 하라. 평강[평안]의 하나님께서 너희 모든 사람과 함께 계실지어다. 아멘.

사도 바울은 로마 교인들에게 예수 그리스도 때문에 또 성령님의 사랑을 힘입어 기도를 권면하였다. 합심 기도는 힘이 있다. 바울은 그들이 그와 힘을 같이하여 그를 위해 기도해줄 것을 요청했다. 세상에 다른 사람의 기도가 필요하지 않을 정도로 부족이 없는 사람은 없다. 그러므로 우리는 서로를 위해 기도해야 하고 특히 전도자들을 위해 기도해야 한다(엡 6:19; 살전 5:25).

바울이 요청한 기도는 세 가지이었다. 첫째는 유대의 순종치 않는 자들로부터 구원해주시기를 구하라는 것이다. 우리는 죽음을 두려워하지 않지만, 복음과 교회를 위해 좀더 살아야 할 필요가 있다. 둘째

---

23) Byz vg^{cl} syr^p 등에 있음.

는 예루살렘 교인들에게 구제 헌금을 전달함으로 그들을 섬기는 일이 그들에게 받음직하게 되기를 구하라는 것이다. 구제는 구제받는 자에게 위로와 기쁨이 되어야 할 것이다. 셋째는 하나님의 뜻을 좇아 그들에게 나아가게 하시기를 구하라는 것이다. 로마로 가기를 원한 바울의 소원은 몇 번 좌절됐으나, 그는 그 소원이 하나님의 뜻 가운데 이루어져 그들과 교제하며 며칠 편히 쉬기를 원했다.

바울은 끝으로 평안의 하나님께서 그들과 함께 계시기를 기원하였다. 하나님께서는 평안의 하나님이시며 참된 평안은 하나님께로부터만 온다. 바울은 데살로니가후서 3:16에서도 "평안의 주께서 친히 때마다 일마다 너희에게 평안 주시기를 원하노라. 주께서는 너희 모든 사람과 함께하실지어다"라고 말하였다.

본문의 교훈을 정리해보자. 첫째로, 우리는 바울처럼 모든 교우를 다 형제로 여기며 겸손히 처신하고 겸손히 남을 권면해야 하고(마 20:27-28; 23:8-12) 남의 믿음과 기쁨을 돕는 자가 되어야 한다(고후 1:24).

둘째로, 우리는 하나님의 일을 할 때 성령님의 능력을 간구하고 열심히 일하고 어려운 일이 많아도 낙심치 말아야 한다. 오늘날도 하나님의 일은 사람의 능력으로가 아니고 성령님의 능력으로 이루어진다. 영혼 구원이나 성화나 교회 건립의 일이 다 그러하다. 바울은 성령님의 능력으로 열심히 전도했고 복음이 들어가지 않은 곳에서 개척 정신으로 일했다. 또 우리는 하나님의 일을 할 때 어려움이 많음을 예상하고 낙심치 말아야 한다. 우리의 소원과 현실이 다를 때가 있으나, 우리는 하나님의 때에 하나님의 일이 다 이루어질 것을 믿고 참고 충성해야 한다.

셋째로, 우리는 가난한 성도들을 섬기며 구제하는 일도 힘써야 한다. 구제와 선행은 구원의 열매이다. 그것은 전도만큼이나 중요하다.

넷째로, 우리는 다 부족한 자이므로 기도의 교제를 힘써야 한다. 특히 어려운 문제가 있을 때 서로 기도를 부탁하며 기도해야 한다.

16장: 인사

1-16절, 로마의 성도들에게 문안함

〔1-2절〕 내가 겐그레아 교회의 일군[일꾼]으로 있는 우리 자매 뵈뵈를 너 희에게 천거하노니 너희가 주[님] 안에서 성도들의 합당한 예절로 그를 영접 하고 무엇이든지 그에게 소용되는 바를 도와줄지니 이는 그가 여러 사람과 나의 보호자가 되었음이니라.

겐그레아는 고린도의 동쪽에 있는 항구 도시이었다. '일꾼'이라는 원어(디아코노스 διάκονος)는 '집사 직분'을 뜻하기도 하지만, 단순 히 '봉사자'를 의미하기도 한다. 초대교회에서 여자들이 집사 직분을 가진 것 같지는 않다. 그러나 여성들이 하나님의 복음 사역에 여러 면에서 참여하고 수고하고 봉사했다는 것이 귀하고 중요하다. 사도 바울이 뵈뵈를 소개하고 추천하는 것은 그가 직접 로마를 방문하기 때문이었다. 그러면 뵈뵈 자매는 바울이 지금 쓰고 있는 이 편지를 로마의 성도들에게 전달하는 역할을 했을 것이다.

'뵈뵈'(포이베 Φοίβη)['밝게 빛나는']라는 이름은 그의 부모가 이방 인이었음을 나타내는 것 같다. 옛 시인들은 달을 포이베라고 불렀다 고 한다(Poole). 그는 예수님 믿고 구원 얻었고 주님 안에서 '자매'가 됐다. 구원 얻은 성도들은 다 주님 안에서 형제요 자매이다(엡 2:19). 뵈뵈는 주님 안에서 믿음의 한 식구가 되었을 뿐 아니라, 또 주님의 일에 참여하는 봉사자가 되었다. 얼마나 놀라운 하나님의 은혜인가! 우리 모두가 이런 은혜를 받았다. 우리는 하나님의 한 가족들이며 하 나님의 일에 힘써야 할 자들이며(딛 2:14) 또 힘쓰고 있는 자들이다.

"주님 안에서 성도의 합당한 예절로 영접하라"는 말씀은 주 예수 그리스도를 믿음으로 구원의 은혜를 받아 하나님의 가족이 되었기 때문에 거기에 합당하게 서로 사랑하며 존경하며(롬 12:10) 영접하라는 뜻이다. 우리는 교회의 충성된 봉사자들에게는 더 그렇게 해야 할 것이다. 상대방을 오해하고 무시하고 비방하는 것은 성도답지 못한 언행이다(엡 4:29). 또 사도 바울은 "무엇이든지 그에게 소용되는 바를 도와주라"고 부탁한다. 그것은 그가 거기에 머물 때 거처할 방과 음식 등 필요한 것을 제공하기를 요청한 것이라고 본다. 바울은 뵈뵈를 "여러 사람과 나의 보호자"라고 말한다. '보호자'라는 헬라어(<u>프로스타티스</u> προστάτις)는 '보호자, 후원자, 돕는 자'라는 뜻이다. 뵈뵈는 바울이 부탁한 일을 위해 로마로 가고 있었다. 그래서 바울은 그를 소개하며 그를 영접하라고 요청하는 것이다.

〔3-5절〕너희가 그리스도 예수 안에서 나의 동역자들인 브리스가와 아굴라에게 문안하라. 저희는 내 목숨을 위하여 자기의 목이라도 내어놓았나니 나뿐 아니라 이방인의 모든 교회도 저희에게 감사하느니라. 또 저의 교회(텐 카트 오이콘 아우톤 엑클레시안 τὴν κατ' οἶκον αὐτῶν ἐκκλησίαν)**[그들의 집에 있는 교회]에게도 문안하라. 나의 사랑하는 에배네도에게 문안하라. 저는 아시아**(아가야)[24]**에서 그리스도께 처음 익은 열매니라.**

브리스가는 브리스길라의 애칭이다. 이들 부부는 로마 황제 글라우디오가 유대인들을 로마에서 내쫓았을 때 로마를 떠나 고린도에 와서 바울과 함께 지낸 적이 있었다(행 18:2-3). 그들은 지금, 아마 글라우디오가 죽었든지 혹은 그 칙령이 완화되었기 때문에, 다시 로마로 돌아가 있는 것 같다. 바울은 그들을 '그리스도 예수 안에서 나의 동역자들'이라고 부른다. 그들은 사도 바울과 함께 주님의 복음사역에 힘썼던 믿음 좋은 부부이었다.

사도 바울의 전도 여정에는 많은 위험한 일들이 있었다. 그는 가는 곳마다 대적자들을 만났다. 세상은 선과 악, 의와 불의, 진실과 거짓의 싸움터이다. 고린도에서도 그는 유대인들의 대적을 당하였었다(행 18:12). 그런데 브리스가와 아굴라 부부는 바울을 사랑하고 아꼈

---

24) Byz syr 등이 그러함.

기 때문에 바울의 목숨이 위태했을 때 그를 보호하거나 구하기 위해 위험을 무릅썼다. 인간적으로 그들은 바울의 생명의 은인들이었다. 그러므로 바울 뿐만 아니라 또한 바울을 아끼는 모든 교회들과 성도들은 아굴라 부부의 신앙과 행위에 감사하고 있었다.

또 브리스가와 아굴라 부부는 자기들의 집을 교회의 집회 장소로 제공하였고 성도들은 거기에 모여 예배드리며 교제했다. 이와 같이, 초대교회는 처음에 독립된 건물이 없었고 어떤 성도의 집에서 모였었다. 실상, 신약성경이 말하는 '교회'는 어떤 건물이나 외형적 조직이 아니고 단순히 구원 얻은 성도들의 모임을 가리킨다.

에배네도는 아가야에서 예수 그리스도께 처음 익은 열매 곧 처음 구원 얻은 자이었다. 고린도전서 16:15에는 스데바나의 집이 아가야의 첫열매로 언급되어 있다. 에배네도는 처음 구원 얻은 자이었고 스데바나의 집은 처음 구원 얻은 가정이었든지, 혹은 에배네도가 스데바나의 가족 중 처음 믿은 자이었을 것이다.

[6-9절] 너희를[우리를](전통사본) 위하여 많이 수고한 마리아에게 문안하라. 내 친척이요 나와 함께 갇혔던 안드로니고와 유니아에게 문안하라. 저희는 사도에게 유명히 여김을 받고 또한 나보다 먼저 그리스도 안에 있는 자라. 또 주[님] 안에서 내 사랑하는 암블리아에게 문안하라. 그리스도 안에서 우리의 동역자인 우르바노와 나의 사랑하는 스다구에게 문안하라.

바울은 로마의 성도들을 위해 많이 수고한 사람들을 언급했다기보다는 자기의 복음사역을 위해 많이 수고한 자들을 언급했다고 보인다. 이처럼 초대교회에는 전도자들의 일을 도우며 그들을 섬긴 귀한 사람들이 많이 있었고, 그 가운데는 마리아 같은 여자도 있었다.

또 바울은 자기 친척들인 안드로니고와 유니아를 언급하였다. 그들은 바울과 함께 옥에 갇히기도 하였다. 그들은 사도들에게 인정을 받은 자들이었고 바울보다 먼저 믿은 자들이었다.

1-16절에는 '주님 안에서'라는 말이 6번(본장에는 7번), '그리스도

안에서'라는 말이 3번, '그리스도 예수 안에서'라는 말이 한 번 나온
다. 예수 그리스도를 믿고 구원 얻은 자들은 예수 그리스도와 연합되
었고 영적으로 예수 그리스도 안에 거하는 특권을 누리는 자들이다.
모든 성도는 주 예수 그리스도 안에 있는 형제 자매들이다.

**〔10-11절〕그리스도 안에서 인정함을 받은 아벨레에게 문안하라. 아리
스도불로의 권속에게 문안하라. 내 친척 헤로디온에게 문안하라. 나깃수의
권속 중 주[님] 안에 있는 자들에게 문안하라.**

바울은 아리스도불로에게 속한 자들에게 문안했으나 아리스도불
로 자신에게는 문안하지 않은 것 같다. 그 이유는 그가 이미 죽었거
나 아직 믿지 않은 자이기 때문일 것이다. 그러나 그 가족들은 믿음
안에 있었으므로 문안하였을 것이다. 나깃수의 경우도 그런 것 같다.
나깃수는, 수에토니우스의 증언에 의하면, 로마 황제 글라우디오의
큰 호의를 받은 자인데 매우 악하였다고 한다. 그러나 그의 가족 중
에 예수님 믿는 자들이 생겼다. 이것은 하나님의 놀라운 은혜이었다.
하나님의 구원은 어떤 환경 속에서도 이루어진다. 믿는 이들은 매우
악한 사람의 가정 속에도 있을 수 있다. 그들에게 고통도 있을 것이
지만, 그들은 거기에서 그 가정을 구원시키는 빛이 될 것이다.

**〔12-16절〕주[님] 안에서 수고한 드루배나와 드루보사에게 문안하라.
주[님] 안에서 많이 수고하고 사랑하는 버시에게 문안하라. 주[님] 안에서 택
하심을 입은 루포와 그 어머니에게 문안하라. 그 어머니는 곧 내 어머니
라. 아순그리도와 블레곤과 허메와 바드로바와 허마와 저희와 함께 있는 형
제들에게 문안하라. 빌롤로고와 율리아와 또 네레오와 그 자매와 올름바와
저희와 함께 있는 모든 성도에게 문안하라. 너희가 거룩하게 입맞춤으로 서
로 문안하라.25) 그리스도의 모든 교회가 다 너희에게 문안하느니라.**

바울은 루포의 어머니를 '내 어머니'라고 표현함으로써 그가 주님

---

25) 거룩한 입맞춤은 당시의 인사법으로 성도의 거룩한 사랑의 교제를
나타낸다고 봄. 고전 16:20; 고후 13:11; 살전 5:26; 벧전 5:14에도 나옴.

안에서 성도들에 대해 가지고 있는 사랑을 표현했다. 또 '저희와 함께 있는 형제들,' '저희와 함께 있는 모든 성도'라는 표현에는 이름이 언급되지 않은 다른 여러 사람들이 있다는 암시가 있다. 사도 바울은 로마에 있는 성도들 중에 자신이 아는 사랑하는 성도들의 이름을 일일이 언급하며 '문안하라'는 말을 17번이나 사용했다. 문안은 성도들의 사랑의 교제의 한 표현이다. 우리는 서로 사랑하므로 서로 문안해야 하고 서로 바른 신앙생활의 성장을 위해 힘써야 할 것이다.

본문의 교훈을 정리해보자. 첫째로, 우리는 주님 안에 거해야 한다. 주 예수 그리스도를 믿는 자들은 이미 주님 안에 거하는 자들이다. 그러나 주께서는 포도나무 비유에서, 우리가 주님 안에 있고 주께서 우리 안에 계시면 우리가 열매를 많이 맺는다고 말씀하셨다(요 15:5). 그것은 우리가 항상 그를 의지하고 계명을 순종하는 것을 가리켰다고 본다.

둘째로, 우리는 서로 영접하고 서로 문안해야 한다. 우리는 성도의 합당한 예절로 서로 사랑하고 존경하며 서로 영접해야 하고 상대방을 무시하거나 오해하거나 비방하지 말아야 한다. 우리는 어려운 문제를 서로 걱정하며 상대를 위하여 기도하고 서로 위로하고 격려해야 한다. 우리는 하나님의 섭리를 믿는 자들, 하나님께서 모든 일을 합력하여 선을 이루게 하심을 믿는 자들로서 서로 영접하고 서로 문안해야 한다.

셋째로, 우리는 복음 사역을 위해 서로 협력해야 한다. 우리는 뵈뵈 같이 주님의 종들과 성도들을 보호하며 돕는 자가 필요하다. 초대교회의 성도들은 예수 그리스도와 그의 복음을 위해 많이 수고하였다. 그들은 사도 바울의 전도 사역에 협력하였고 어떤 이들은 자기 집을 집회 장소로 제공하였고 또 사도 바울을 위해 자기의 목이라도 내어놓으려 하였다. 어떤 이들은 바울과 함께 옥에 갇히기도 하였다. 많은 이들이 주님의 일들을 위해 많이 수고했다. 오늘날 우리도 우리 주 예수 그리스도와 그의 복음을 위해 협력하고 수고하는 자들이 되어야 한다.

17-20절, 바른 교훈을 버린 자들에게서 떠나라

〔17절〕형제들아, 내가 너희를 권하노니 너희 교훈을(텐 디다켄 헨 휘메이스 에마데테 τὴν διδαχὴν ἣν ὑμεῖς ἐμάθετε)[너희가 배운 교훈을] 거스려[거슬러] 분쟁을 일으키고 거치게 하는 자들을 살피고 저희에게서 떠나라.

로마 교회 안팎에는 그들이 배운 교훈을 거슬러 분쟁을 일으키고 거치게 하는 자들이 있었다. 그러므로 사도 바울은 로마 교인들에게 "너희가 배운 교훈을 거슬러 분쟁을 일으키고 거치게 하는 자들을 살피고 저희에게서 떠나라"고 권면하였다. 그들은 바른 교훈을 누구에게서 배웠는가? 그들은 사도들에게서 하나님의 복음과 진리의 교훈을 배웠다. 우리는 그것을 역사적 기독교라고 말한다. 교회는 사도들과 선지자들의 터 위에 세워져 있다(엡 2:20). 역사적 기독교는 사도들을 통해 전달된 바른 교훈이다. 우리는 그 역사적 기독교 즉 바른 교훈을 지켜야 한다. 데살로니가후서 2:15는 "형제들아, 굳게 서서 말로나 우리 편지로 가르침을 받은 유전(遺傳)을 지키라"고 말했다.

사도들의 바른 교훈을 '거슬러 분쟁을 일으키고 거치게 하는 자들'은 이단자들이다. 이단자들의 교훈은 사도들의 바른 교훈과 차이가 있고 기독교회 안에 사상적 분열을 일으킨다. 그것은 교회에 혼란과 분쟁의 씨가 되고 교회를 어지럽히는 일이 된다. 교회에서는 교훈의 통일성이 중요하다. 물론, 그 통일된 교훈은 성경적 기독교, 역사적 기독교이어야 한다. 우리는 교회에 들어온 이단자들을 살피고 분별하고 판단해야 한다. 사도 요한은 요한일서 4:1에서 "사랑하는 자들아, 영을 다 믿지 말고 오직 영들이 하나님께로부터 나왔는지(NASB, NIV) 시험하라. 많은 거짓 선지자가 세상에 나왔음이니라"고 말했다.

우리는 사도들의 바른 교훈을 버린 자들과 교제하지 말아야 한다. 디도서 3:10, "이단에 속한 사람을 한두 번 훈계한 후에 멀리하라[거절하라]." 요한이서 9-11, "이탈하여(전통본문) 그리스도의 교훈 안에

거하지 아니하는 자마다 하나님을 모시지 못하되 그 교훈 안에 거하
는 이 사람이 아버지와 아들을 모시느니라. 누구든지 이 교훈을 가지
지 않고 너희에게 나아가거든 그를 집에 들이지도 말고 인사도 말라.
그에게 인사하는 자는 그 악한 일에 참여하는 자임이니라."

우리가 이단자와 교제치 말아야 하는 이유는 성도의 교제란 바른
교훈 안에서만 가능하기 때문이다. 바른 교훈은 사랑의 교제보다 더
중요하다. 만일 우리의 교제가 바른 교훈 안에서 이루어지지 않는다
면, 진리와 비진리의 혼잡이 생기고 비진리와의 타협이 생기게 된다.
교회가 오류들을 포용하면 영적으로 해이해지고 부패하고 속화되기
시작한다. 이단자와의 교제는 하나님께서 기뻐하시거나 허용하시는
교제가 아니다. 그런 교제는 단지 마귀에게 이끌려, 혹은 사람의 무지
와 연약 때문에, 생길 뿐이다. 진리와 오류는 결코 혼합되어서는 안
된다. 우리는 이단자와의 교제를 결코 용납해서는 안 된다.

**[18절] 이 같은 자들은 우리 주 그리스도를 섬기지 아니하고 다만 자기
의 배만 섬기나니 공교하고 아첨하는 말로 순진한 자들의 마음을 미혹하느
니라.**

'이 같은 자들'은 바른 교훈을 거절하는 자들, 다른 교훈을 하는 자
들, 즉 이단자들을 가리킨다. 이들은 교회 안에서 분쟁과 문제를 일으
키는 자들이다. 그들은 우리 주 예수 그리스도를 섬기지 않는 자들이
다. 만일 그들이 우리 주 예수 그리스도를 섬겼다면, 생각이 같았을
것이다. 한 성령께서는 그들을 일치된 바른 교훈 안으로 인도하셨을
것이다. 그러나 그들은 실상 하나님을 섬기는 자들이 아니고 다만 자
기의 배만 섬기는 자들이다. 그들은 물질적 이익만 구하고 먹고 마시
는 것들에만 관심이 있다. 그러므로 근본이 다르다. 그들은 진리주의
가 아니고 육신주의이며, 내세주의가 아니고 현세주의이다.

또 이단들은 '공교하고 아첨하는 말'을 하는 자들이다. '공교하고
아첨하는 말'이란 '부드럽고 아첨하는 말'을 뜻한다. 이단들은 부드럽

고 아첨하는 말을 잘한다. 그들은 말을 잘하는 자들이다. 우리가 그들의 말만 들으면 그들은 선하고 온유하고 진실한 사람 같아 보인다. 마귀는 지혜롭다. 그래서 이단자들을 분별하기란 쉽지 않다.

이단자들은 '순진한 자들의 마음을 미혹한다.' 이단자는 미혹케 하는 자, 곧 속이는 자이다. 그 근원은 하나님이 아니고 사탄과 악령들이다. 그러므로 바른 교훈과 이단은 그 뿌리가 각각 다르고 그 내용도 각각 다르다. 그러므로 이런 미혹의 이단 사상을 교회 안에 허용해 놓으면 그것이 누룩처럼 교회에 퍼져 교회를 부패시킨다. 그러므로 우리는 교회의 순결성을 지키기 위해 성경의 바른 교훈으로 이단들을 분별하고 그들과의 교제를 끊어야 한다. 이 절교(絶交)와 분리는 교회의 거룩함과 영광과 능력의 유지를 위해 반드시 필요하다.

오늘날 기독교계 안에 있는 대표적 이단들은 첫째로 천주교회이며, 둘째로 수많은 이단종파들, 예컨대 여호와의 증인, 몰몬교, 안식교, 통일교, 신천지 등이며, 셋째로 현대 자유주의 신학과 은사주의이다. 참된 교회들과 성도들은 오늘날의 이단들을 분별하고 그들을 거절하고 그들과의 교제를 끊고 그들로부터 분리되어야 한다.

〔19절〕너희 순종함이 모든 사람에게 들리는지라. 그러므로 내가 너희를 인하여 기뻐하노니 너희가 선한 데 지혜롭고 악한 데 미련하기를 원하노라.

참 믿음의 특징은 순종이다. 로마에 사는 교인들이 하나님을 진실히 믿고 순종한다는 소문이 널리 퍼졌고 모든 사람에게 들려졌다. 이것은 기쁜 일이었다. 바울도 그 소문을 듣고 기뻐하였다. 이 소문은 그들의 믿음의 진실함을 증거하는 것이었다. 하나님의 말씀을 순종하는 것을 볼 때 그들이 참으로 하나님과 주 예수 그리스도를 믿는다는 것을 알 수 있다. 성도에게 하나님의 말씀 순종과 실천이 없다면, 누가 어떻게 그 성도의 믿음의 진실함을 알 수 있겠는가?

이단자들과 교제하지 않는 문제도 결국 순종의 문제이다. 이단자들과 교제하지 말라는 것은 하나님께서 사도를 통해 주신 명령이다. 이것은 하나님의 분명한 뜻이다. 그러므로 우리는 이단자들과 교제치 말아야 한다. 우리는 이단자들을 포용하거나 그들과 교제하는 일을 삼가야 한다. 오늘날은 배교와 타협과 혼란의 시대이다. 이런 시대에 지혜로운 성도는 아무 교회에나 속하지 않고 아무 집회에나 참여하지 않아야 한다. 우리는 목사들의 교훈들을 분별해야 하고 성경의 바른 교훈을 버린 이단자들과 비성경적 오류들로부터 떠나야 한다.

사도 바울은 로마 교회 성도들이 선한 데 지혜롭고 악한 데 미련하기를 원하였다. 순종의 결과는 선한 것이며, 불순종의 결과는 악한 것이다. 선한 것은 하나님의 진리를 믿는 일과 그를 섬기며 그의 뜻을 행하는 일이며, 악한 것은 불경건하고 부도덕한 일이다. 우리는 악한 것, 곧 불경건하고 부도덕한 일에는 미련하고 둔할수록 좋다. 그러나 구원에 이르는 믿음과 선한 생활과 내세(來世)의 소망에 관한 하나님의 뜻에 대해서는 더 바르게 분별하며 알수록 유익하다. 우리가 악한 데 미련하고 선한 데 지혜로운 자들이라면, 우리는 결단코 이단자들의 이단 사상들을 용납하지 않고 그들과 교제하지 않을 것이다.

〔20절〕 평강[평안]의 하나님께서 속히 사단을 너희 발 아래서 상하게 하시리라. 우리 주 예수[님]의 은혜가 너희에게 있을지어다.

사탄은 모든 악들의 배후 조종자이다. 사탄은 '이 세상의 임금'(요 12:31), '이 세상의 신'(고후 4:4), '공중에 권세 잡은 자'(엡 2:2), 또 '온 천하를 꾀는 자'(계 12:9)이다. 성도를 거짓된 교훈으로 속이는 이단들의 근원은 사탄이다. 사탄은 모든 거짓말들의 근원이다.

평안의 하나님께서는 속히 사탄을 우리 발 아래 상하게 하실 것이다. 참 평안은 하나님께로부터 온다. 그는 우리의 마음의 평안, 몸의 건강, 경제적 안정, 환경적 평안을 주신다. 교회 안의 교리적 논쟁들에서 진리를 드러내실 분은 오직 하나님이시다. 예수 그리스도께서는 교회의 교리적 논쟁들에서 항상 진리 편에 서신다.

하나님께서는 속히 사탄을 우리 앞에 굴복시키실 것이다. '속히'라는 말은 하나님의 마음의 표현이다. 그는 속히 오실 것이다. 히브리서 10:37, "잠시 잠깐 후면 오실 이가 오시리니 지체하지 아니하시리라." 요한계시록 22:20, "이것들을 증거하신 이께서 말씀하시기를 내가 진실로 속히 오리라 하시거늘 아멘, 주 예수님이시여, 오시옵소서." 주 예수께서는 다시 오셔서 사탄을 지옥에 던지실 것이다(계 20:10). 다시는 사탄의 속임과 죄와 사망이 없는 시대가 올 것이다!

본문의 교훈을 정리해보자. 첫째로, 우리는 예수 그리스도의 사도들의 바른 교훈, 즉 성경적 기독교, 역사적 기독교를 믿어야 한다. 17절, "너희가 배운 교훈." 우리는 사도들을 통해 전달된 바른 교훈, 즉 성경적, 역사적 기독교가 16세기 종교개혁을 통해 개혁신학에 잘 나타나 있다고 본다. 그것은 오늘날 배교와 타협과 혼란의 시대에도 바른 교훈의 기본적 내용이다. 우리는 그 개혁신학의 바른 교훈을 잘 지켜야 한다.

둘째로, 우리는 잘못된 교훈을 분별해야 한다. 잘못된 교훈은 바른 교훈에서 이탈한 것이다. 오늘날 바른 교훈을 버린 자들은 천주교회와 여러 이단 종파들과 현대 자유주의 신학과 은사주의이다. 그것들은 다 이단적이다. 이단들은 주 예수 그리스도를 섬기지 않고 자기 배만 섬기며 부드럽고 아첨하는 말을 하고 순종치 않는 자들이다(18-19절). 우리는 신구약 성경의 바른 교리들을 통하여 이단들을 분별해야 한다.

셋째로, 우리는 바른 교훈을 버린 이단들과 교제하지 말아야 한다. 17절, "너희가 배운 교훈을 거슬러 분쟁을 일으키고 거치게 하는 자들을 살피고 저희에게서 떠나라." 우리는 이단들을 용납하지 말고 그들과 교제하거나 협력해 일하지 말고 그들에게서 떠나야 한다. 또한 우리는 이단들과 교제하며 함께 활동하는 교회연합운동과 타협적 복음주의도 경계해야 하고 실상 그런 입장을 가진 자들과도 교제를 끊어야 한다.

21-27절, 문안과 송영

〔21-24절〕 나의 동역자 디모데와 나의 친척[친척들] 누기오와 야손과 소시바더가 너희에게 문안하느니라. 이 편지를 대서(代書)하는 나 더디오도 주[님] 안에서 너희에게 문안하노라. 나와 온 교회 식주인(크세노스 ξένος)[집주인] 가이오도 너희에게 문안하고 이 성의 재무(財務)(오이코노모스 οἰκονόμος)[재무관] 에라스도와 형제 구아도도 너희에게 문안하느니라. 〔우리 주 예수 그리스도의 은혜가 너희 모든 이에게 있을지어다. 아멘.〕[26]

사도 바울은 전도 사역에 그와 함께 일한 디모데를 언급했다. 디모데는 사도 바울과 뜻을 같이하여 주님의 일에 힘썼던 사역자이었다 (빌 2:20-22). 오늘날도 교회에는 이런 동역자가 필요하다. 또 바울은 자기 친척들 누기오와 야손과 소시바더를 언급했다. 또 그는 본 서신을 필사한 대서자(代書者) 더디오를 언급하였고 온 교회의 집주인 (host) 가이오도 언급했다. 이런 사람들은 다 사도 바울의 전도 사역에 협력한 믿음 있는 성도들이었다. 오늘날에도 복음 사역에는 이런 성도들이 필요하다. 오늘날 우리 모두는 하나님의 복음을 널리 전파하고 변호하는 일에 함께 일하며 협력하는 자들이 되어야 한다.

사도 바울은 끝으로 "우리 주 예수 그리스도의 은혜가 너희 모든 이에게 있을지어다. 아멘"(전통사본)이라는 기원의 말을 썼다. 그것은 그가 편지를 시작할 때나 마칠 때에 자주 쓴 기원의 말이다. '우리 주 예수 그리스도의 은혜'는 주 예수 그리스도께서 값없이 주신 호의와 사랑이다. 그것은 우리의 구원의 기초이며 우리의 구원의 시작과 진행과 완성에 꼭 필요하다. 우리는 날마다 부족과 연약이 없지 않지만 우리 주 예수 그리스도의 은혜와 의(義)를 의지하고 그의 보혈의 샘에서 늘 씻음 받음으로 힘을 얻고 기쁨과 평안을 잃지 않는다.

〔25-27절〕 나의 복음과 예수 그리스도를 전파함은 영세 전부터[오랜 시

---

26) Byz it^d vg^{cl} 등에 있음.

대 동안(NASB, NIV) **감취었다가 이제는 나타내신 바 되었으며 영원하신 하
나님의 명을 좇아 선지자들의 글로 말미암아 모든 민족으로 믿어 순종케 하
시려고 알게 하신 바 그 비밀의 계시를 좇아 된 것이니 이 복음으로 너희를
능히 견고케 하실** [유일하시고](원문) **지혜로우신 하나님께 예수 그리스도로
말미암아 영광이 세세무궁토록** 있을지어다. **아멘.**27)

본 송영은 사도 바울이 전한 하나님의 복음에 관해 몇 가지 사실들
을 증거한다. 첫째로, 복음의 중심 인물은 예수 그리스도이시다. 25절,
"나의 복음과 예수 그리스도를 전파함은." 로마서 1:2, "이 복음은 그
의 아들에 관하여 성경에 미리 약속한 것이라."

둘째로, 복음은 사도들을 통해 증거되었다. 25절, "나의 복음과." 주
께서는 그의 복음을 사도들에게 계시하셨고 그들은 그 복음을 전파
하고 해설했다. 사도 바울도 예수 그리스도의 계시로 그것을 받았고
전파했다(갈 1:11-12). 로마서 2:16, "내 복음에 이른 바와 같이."

셋째로, 복음은 구약시대에 감취었다가 이제 계시된 내용이다. 25
절, "오랜 시대 동안 감취었다가 이제는 나타내신 바 되었으며." 구약
시대에도 복음의 은혜는 여러 예언들과 예표들로 암시되었다. '여인
의 후손'(창 3:15), '가죽옷'(창 3:21), 독자 이삭 대신 번제물로 드린
숫양(창 22:13), 아브라함의 씨(창 22:18), 가족들을 큰 기근에서 구한
요셉, 유다 지파에 오실 '실로'(창 49:10), 유월절 어린양, 성막과 성전,
속죄소, 번제, 화목제, 속죄제, 속건제, 속죄일, 제사장, 처녀에게서 날
아들(사 7:14), 이새의 자손(사 11:1, 10) 등. 그러나 복음은 신약시대
에 밝히 계시되었다. 로마서 3:21, "이제는 율법 외에 하나님의 한 의
(義)가 나타났으니 율법과 선지자들에게 증거를 받은 것이라."

넷째로, 복음은 하나님의 영원하신 명령을 좇아 된 것이다. 26절,
"영원하신 하나님의 명을 좇아." 복음의 내용은 하나님께서 영원 전
에 친히 작정하신 바이고 어느 사람의 창작물이 아니다. 디모데후서

---

27) Byz vg^mss 등에는 본문이 14:23 후에 있음.

1:9, "하나님께서 우리를 구원하사 거룩하신 부르심으로 부르심은 우리의 행위대로 하심이 아니요 오직 자기 뜻과 영원한 때 전부터 그리스도 예수 안에서 우리에게 주신 은혜대로 하심이라."

다섯째로, 복음은 이스라엘 백성뿐 아니라 온 세상을 위한 것이다. 26절, "모든 민족으로 믿어 순종케 하시려고." 구약시대에는 하나님께서 이스라엘 백성을 이방인들과 구별하여 특별히 사랑하셨었다(호 11:8). 그러나 선지자들은 이방인들의 구원에 대해서도 예언하였다. 창세기 12:3, "땅의 모든 족속이 너를 인하여 복을 얻을 것이라." 시편 117:1, "너희 모든 나라들아, 여호와를 찬양하며 너희 모든 백성들아, 저를 칭송할지어다." 이사야 11:10, "그 날에 이새의 뿌리에서 한 싹이 나서 만민의 기호로 설 것이요 열방이 그에게로 돌아오리니 그 거한 곳이 영화로우리라." 이사야 45:22, "땅끝의 모든 백성아, 나를 앙망하라. 그리하면 구원을 얻으리라." 이제 때가 되어 하나님께서는 세상에 있는 모든 택한 백성을 복음으로 구원하신다. 이것이 신약시대이다. 그러므로 부활하신 예수 그리스도께서는 그의 사도들에게 "너희는 가서 모든 족속으로 제자를 삼으라"고 명하셨다(마 28:19).

여섯째로, 복음의 목적은 모든 민족으로 "믿어 순종케" 하기 위한 것이다. 복음은 모든 택자들을 회개시켜 예수 그리스도를 믿고 하나님과 예수 그리스도께 순종케 하는 말씀이다. 로마서 1:5, "모든 이방인 중에서 믿어 순종케 하나니." 믿음은 마음의 순종이다(롬 6:17).

일곱째로, 하나님께서는 믿는 모든 자들을 복음으로 견고케 하신다. 26-27절, "이 복음으로 너희를 능히 견고케 하실 유일하시고 지혜로우신 하나님께." 복음은 우리를 믿음과 소망에 굳세게 서게 하시는 하나님의 방법이다. 사도행전 20:32에 보면, 사도 바울은 에베소 장로들에게 말하기를, "지금 내가 너희를 주님과 및 그 은혜의 말씀에게 부탁하노니 그 말씀이 너희를 능히 든든히 세우사 거룩케 하심을 입은 모든 자 가운데 기업이 있게 하시리라"고 하였다.

　로마서는 하나님께서 인류에게 주신 구원의 복음을 밝히 증거한다. 복음은 하나님의 아들 우리 주 예수 그리스도의 십자가 대속(代贖)으로 말미암아 죄인들이 그를 믿음으로 하나님의 은혜로 값없이 의롭다 하심을 얻는 소식이다. 이 복음은 모든 믿는 자를 구원하시는 하나님의 능력이 된다. 하나님께서 만세 전에 예수 그리스도 안에서 택하신 영혼들은 복음을 통해 구원을 얻을 것이다. 또 그들은 요동하는 세상에서도 복음의 지식과 믿음 안에서 견고히 설 것이다. 우리는 은혜의 복음으로 우리를 구원하신 하나님 또 끝날까지 우리를 지키시는 하나님께 감사와 영광을 돌리고, 또 이 복음에 합당하게 거룩하고 의롭고 선한 삶을 살며, 또 이 은혜의 복음을 땅끝까지 전파하는 자들이 되어야 한다.

　오늘 본문의 교훈을 정리해보자. 첫째로, 우리는 주 예수 그리스도를 알고 그를 믿고 그에게 순종해야 한다. 하나님께서 세상에 보내신 구주는 예수 그리스도뿐이다. 죄인은 그를 믿음으로 구원을 얻는다. 또 그를 믿는 사람은 그에게 순종해야 한다. 참 믿음은 행위를 수반한다.

　둘째로, 우리는 복음의 지식과 믿음 안에 굳게 서야 한다. 하나님의 복음은 죄와 시험과 환난이 많은 요동하는 세상에서 우리에게 견고함이 된다. 하나님께서는 복음으로 우리를 구원하셨고 또 지키신다.

　셋째로, 우리는 주님의 일에 협력하는 자들이 되어야 한다. 오늘날도 교회에는 디모데 같은 충성된 동역자들이 필요하고 또 그 외에도 복음 사역을 위해 각 방면에 많은 협력자들이 필요하다. 그러나 우리가 주님의 일을 함께 힘쓰려면, 우리는 생각과 마음과 뜻을 같이해야 하며 또 각자의 위치를 지키며 높은 마음을 버리고 서로를 존중해야 한다.

　넷째로, 우리는 유일하시고 지혜로우신 하나님께만 영광을 돌려야 한다. 그는 영원하신 하나님이시며 온 세상의 창조자와 섭리자이시다. 그 하나님께서는 만세 전에 이 세상의 모든 일을 작정하셨고 그의 모든 뜻을 이루실 것이며 우리는 오직 그 하나님께만 영광을 돌려야 한다.

저자 소개

연세대학교 문과대학 철학과 졸업 (B.A.).
총신대학 신학연구원[신학대학원] 졸업 (M.Div. equiv.).
미국, Faith Theological Seminary 졸업 (Th.M. in N.T.).
미국, Bob Jones University 대학원 졸업 (Ph.D. in Theology).
계약신학대학원 교수 역임, 합정동교회 담임목사.
[역서] J. 그레셤 메이천, 신약개론, 신앙이란 무엇인가? 등 다수.
[저서] 구약성경강해 1, 2, 신약성경강해, 조직신학, 기독교교리개요, 기독교 윤리, 현대교회문제, 자유주의 신학의 이단성, 교회연합운동 비평, 복음주의 비평, 현대교회문제자료집, 기독교신앙입문, 천주교회비평 등.

로마서 강해

1998년 9월 8일 1판
2003년 1월 17일 2판; 2021년 6월 30일 3판
2024년 12월 27일 4판

저 자 김 효 성
발행처 **옛신앙 출판사**
Old-time Faith Press
www.oldfaith.net

서울특별시 마포구 독막로 26 (합정동)
합정동교회 내
02-334-8291, 팩스 02-337-4869
oldfaith @ hjdc.net

등록번호: 제10-1225호

ISBN 978-89-98821-01-2 03230

♣ '**옛신앙**'이란, 옛부터 하나님의 선지자들과 주 예수 그리스도의 사도들이 가졌던 신앙, 오직 정확 무오(正確無誤)한 하나님 말씀인 신구약 성경에만 근거한 신앙, 오늘날 배교(背教)와 타협의 풍조에 물들지 않는 신앙을 의미합니다.

"여호와께서 이같이 말씀하시되 '너희는 길에 서서 보며 **옛적 길** 곧 **선한 길**이 어디인지 알아보고 그리로 행하라. 너희 심령이 평안을 얻으리라' 하나, 그들의 대답이 '우리는 그리로 행치 않겠노라' 하였으며"(렘 6:16).

옛신앙 출판사 서적 안내

1. 김효성, 현대교회문제. [7판]. 198쪽. 4,000원.
2. 김효성, 자유주의 신학의 이단성. [2판]. 170쪽. 4,000원.
3. 김효성, 교회연합운동 비평. [2판]. 146쪽. 4,000원.
4. 김효성, 복음주의 비평. [2판]. 166쪽. 4,000원.
5. 김효성, 천주교회 비평. [2판]. 97쪽. 3,000원.
6. 김효성, 이단종파들. [6판]. 70쪽. 700원.
7. 김효성, 공산주의 비평. [4판]. 44쪽. 2,000원.
8. 김효성, 조직신학. [2판]. 627쪽. 6,000원.
9. 김효성, 기독교 교리개요. [10판]. 96쪽. 2,500원.
10. 김효성, 기독교 윤리. [7판]. 240쪽. 5,000원.
11. 김효성, 신약성경 전통본문 옹호. 166쪽. 4,000원.
12. 김효성, 기독교 신앙입문. [11판]. 34쪽. 2,000원.
14. 김효성, 창세기 강해. [4판]. 356쪽. 7,000원.
15. 김효성, 출애굽기 강해. [3판]. 205쪽. 4,000원.
16. 김효성, 레위기 강해. [3판]. 164쪽. 4,000원.
17. 김효성, 민수기 강해. [3판]. 179쪽. 4,000원.
18. 김효성, 신명기 강해. [2판]. 184쪽. 4,000원.
19. 김효성, 여호수아 사사기 룻기 강해. [3판]. 216쪽. 4,000원.
20. 김효성, 사무엘서 강해. [3판]. 233쪽. 5,000원.
21. 김효성, 열왕기 강해. [3판]. 217쪽. 5,000원.
22. 김효성, 역대기 강해. [3판]. 255쪽. 6,000원.
23. 김효성, 에스라 느헤미야 에스더 강해. [3판]. 132쪽. 4,000원.
24. 김효성, 욥기 강해. [3판]. 190쪽. 4,000원.
25. 김효성, 시편 강해. [3판]. 703쪽. 10,000원.
26. 김효성, 잠언 강해. [3판]. 623쪽. 10,000원.
27. 김효성, 전도서 강해. [3판]. 84쪽. 3,000원.
28. 김효성, 아가서 강해. [3판]. 88쪽. 3,000원.
29. 김효성, 이사야 강해. [3판]. 406쪽. 8,000원.
30. 김효성, 예레미야 및 애가 강해. [3판]. 360쪽. 7,000원.
31. 김효성, 에스겔 다니엘 강해. [3판]. 295쪽. 6,000원.
32. 김효성, 소선지서 강해. [2판]. 318쪽. 6,000원.
33. 김효성, 마태복음 강해. [2판]. 340쪽. 6,000원.
34. 김효성, 마가복음 강해. [4판]. 224쪽. 5,000원.
35. 김효성, 누가복음 강해. [3판]. 363쪽. 7,000원.
36. 김효성, 요한복음 강해. [3판]. 281쪽. 5,000원.
37. 김효성, 사도행전 강해. [3판]. 236쪽. 4,000원.
38. 김효성, 로마서 강해. [3판]. 145쪽. 4,000원.
39. 김효성, 고린도전서 강해. [3판]. 120쪽. 4,000원.
40. 김효성, 고린도후서 강해. [3판]. 100쪽. 3,000원.
41. 김효성, 갈라디아서 에베소서 강해. [2판]. 169쪽. 4,000원.
42. 김효성, 빌립보서 골로새서 강해. [2판]. 143쪽. 4,000원.
43. 김효성, 데살로니가전후서 빌레몬서 강해. [2판]. 92쪽. 3,000원.
44. 김효성, 디모데전후서 디도서 강해. [2판]. 164쪽. 4,000원.
45. 김효성, 히브리서 강해. [3판]. 109쪽. 3,000원.
46. 김효성, 야고보서 베드로전후서 강해. [3판]. 149쪽. 4,000원.
47. 김효성, 요한1,2,3서 유다서 강해. [2판]. 104쪽. 3,000원.
48. 김효성, 요한계시록 강해. [2판]. 173쪽. 4,000원.

☆ 주문: oldfaith.net/07books.htm   전화: 02-334-8291
☆ 계좌: 우리은행 1005-604-140217 합정동교회